CONTABILIDADE RURAL

Agrícola • Agropecuária
Zootécnica • Pecuária
Agroindústria

Aldenir Ortiz Rodrigues • Cleber Marcel Busch
Edino Ribeiro Garcia • William Haruo Toda

CONTABILIDADE
RURAL

Agrícola • Agropecuária
Zootécnica • Pecuária
Agroindústria

5ª EDIÇÃO

Freitas Bastos Editora

Copyright © 2021 by Aldenir Ortiz Rodrigues, Cleber Marcel Busch, Edino Ribeiro Garcia, William Haruo Toda

Todos os direitos reservados e protegidos pela Lei 9.610, de 19.2.1998. É proibida a reprodução total ou parcial, por quaisquer meios, bem como a produção de apostilas, sem autorização prévia, por escrito, da Editora.

Direitos exclusivos da edição e distribuição em língua portuguesa: Maria Augusta Delgado Livraria, Distribuidora e Editora

Editor: *Isaac D. Abulafia*

Capa e Diagramação: *Jair Domingos de Sousa*

DADOS INTERNACIONAIS PARA CATALOGAÇÃO NA PUBLICAÇÃO (CIP)

C759

Contabilidade Rural / Aldenir Ortiz Rodrigues ... [et al.]. – 5ª Edição – Rio de Janeiro, RJ: Freitas Bastos, 2021.

300 p. ; 15,5cm x 23cm.

Inclui bibliografia.

ISBN: 978-65-5675-014-9

1. Contabilidade. 2. Contabilidade Rural. I. Rodrigues, Aldenir Ortiz. ᴵᴵ. Busch Cleber Marcel. III. Garcia, Edino Ribeiro. IV. Toda, William ᴴaruo. V. Título.

)-2085   CDD 657   CDU 657

Freitas Bastos Editora

ndimento@freitasbastos.com
www.freitasbastos.com

APRESENTAÇÃO

Com uma abordagem moderna, prática e objetiva, esta obra tem por fim contribuir para o ensino básico da Contabilidade Rural, no Brasil, atendendo uma necessidade de todos aqueles que se interessam pelos assuntos que norteiam essa disciplina.

Além da contabilidade rural, tratamos também de aspectos tributários inerentes à atividade agrícola (produção vegetal), à zootécnica (produção animal) e à agroindustrial (beneficiamento e transformação).

Disponibilizamos ainda, um plano de contas atualizado e exemplos práticos de ativos biológicos avaliados a valor justo de cultura temporária e permanente, bem como discorremos sobre questões relativas ao método de custo e do valor de mercado, mensuração de estoque, e demais outros de interesse do leitor.

Finalmente, trata-se de uma obra dedicada a todos profissionais interessados e estudiosos da contabilidade e da legislação tributária, tais como: advogados, contadores, economistas, inclusive de engenheiros, que buscam a cada dia, um aprendizado maior nas áreas contábil e jurídico-tributária.

Os autores

SUMÁRIO

1 – CONSIDERAÇÕES INICIAIS 1
   1.1. Introdução 1
   1.2. Contabilidade rural 2
   1.3. Atividades consideradas rurais 2
        1.3.1. Transformação de produtos 3
        1.3.2. Pesca 4
   1.4. Atividades não consideradas rurais 4
   1.5. Princípios fundamentais de contabilidade
       e definição do exercício social 5
   1.6. Registros contábeis das entidades rurais 6
        1.6.1. Ciclos operacionais 6
        1.6.2. Tratamento das perdas 6
   1.7. Demonstrações contábeis 6
        1.7.1. Notas explicativas 7
   1.8. Entidades agrícolas 7
        1.8.1. Culturas agrícolas 7
        1.8.2. Ciclo operacional 8

2 – PRINCÍPIOS DE CONTABILIDADE 9
   2.1. Introdução 9
   2.2. Princípio da entidade 10
   2.3. Princípio da continuidade 10
   2.4. Princípio da oportunidade 10
        2.4.1. Integridade e tempestividade 10
   2.5. Princípio do registro pelo valor original 11
   2.6. Princípio da competência 11
   2.7. Princípio da prudência 12
   2.8. Inobservância dos princípios de contabilidade
       – penalidades 12

3 – PRODUTOR RURAL 13
3.1. Introdução 13
3.2. Atividade rural no Brasil 14
3.3. Conceitos 15
    3.3.1. Empregado rural 15
    3.3.2. Empregador rural 15
    3.3.3. Produtor rural 16
    3.3.4. Agroindústria 18
    3.3.5. Atividade econômica autônoma 18
    3.3.6. Beneficiamento 19
    3.3.7. Industrialização rudimentar 19
    3.3.8. Subprodutos e resíduos 19
    3.3.9. Adquirente 20
    3.3.10. Consignatário 20
    3.3.11. Consumidor 20
    3.3.12. Arrematante 20
    3.3.13. Sub-rogado 20
    3.3.14. Parceria rural 20
    3.3.15. Parceiro 21
    3.3.16. Meeiro 21
    3.3.17. Parceria de produção rural integrada 21
    3.3.18. Arrendamento rural 22
    3.3.19. Arrendatário 22
    3.3.20. Comodato rural 22
    3.3.21. Comodatário 22
    3.3.22. Usufrutuário 22
    3.3.23. Consórcio simplificado de produtores rurais 22
    3.3.24. Cooperativa de produção rural 23
    3.3.25. Cooperativa de produtores rurais 23

4 – LIVRO CAIXA 25
4.1. Introdução 25
4.2. Escrituração 25
    4.2.1. O que deve ser escriturado 26
    4.2.2. Lucro presumido 27
4.3. Programa livro caixa de atividade rural 28

5 – PLANO DE CONTAS RURAL 30
5.1. Como iniciar a elaboração do plano de contas 31
5.2. A codificação 31
5.3. Autorização para abertura de conta nova 33

5.4. O maior e o melhor companheiro do plano
de contas: o manual de contas.. 33
5.5. O atendimento aos demais usuários:
publicação, fisco etc. 34
5.6. Outros erros que precisam ser evitados 35
5.7. Modelo de plano de contas rural 37

6 – ATIVIDADE AGRÍCOLA 71
6.1. Conceitos de culturas temporárias e permanentes 71
    6.1.1. Cultura temporária 71
    6.1.2. Cultura permanente 71
6.2. Custos e despesas na cultura temporária 72
6.3. Custo na cultura permanente 73
    6.3.1. Produção da cultura permanente 74
6.4. Visão geral da cultura permanente 75
    6.4.1. O conceito de cultura permanente 75
        6.4.1.1. O problema das conceituações
simplistas.. 75
        6.4.1.2. Ativo Imobilizado 76
        6.4.1.3. Perdas de valor do Ativo Imobilizado 76
        6.4.1.4. O caso das culturas agrícolas 77
        6.4.1.5. O problema do prazo no Ativo
Circulante... 77
        6.4.1.6. O caso das culturas permanentes 78
    6.4.2. Classificação contábil das culturas permanentes ... 79
    6.4.3. O que deve ser imputado ao imobilizado 80
        6.4.3.1. Gastos com o solo 80
        6.4.3.2. Gastos com a formação da cultura 81
        6.4.3.3. Despesas diferidas e despesas de
exercício 81
    6.4.4. Os erros cometidos na cultura permanente hoje
no Brasil 83
6.5. Depreciações 84
    6.5.1. A definição do Parecer Normativo CST
nº 18/1979 85
    6.5.2. Exemplos de depreciação 86
    6.5.3. Caso prático 86
    6.5.4. Taxa anual de depreciação 87
    6.5.5. Tratores, máquinas e implementos agrícolas 91
6.6. Amortização 91

6.7. Exaustão 92
    6.7.1. Exaustão segundo o PN CST nº 18/1979 92
    6.7.2. Cálculo da quota de exaustão dos recursos
           florestais 93
    6.7.3. Periodicidade na contabilização 93
    6.7.4. Verificação do saldo a exaurir 94
    6.7.5. Exemplo 94
        6.7.5.1. Cálculo e contabilização dos encargos
                 de exaustão 94
    6.7.6. O caso da cana-de-açúcar 95
    6.7.7. Pastagens 95
6.8. O custo dos estoques 96
    6.8.1. O problema da primeira colheita 96
    6.8.2. Separação dos gastos com imobilização e
           com a primeira safra 98
6.9. Planilha de Cálculo de Custo Agrícola 99

7 – CONTABILIDADE PECUÁRIA 101
7.1. Introdução 102
    7.1.1. Sistema de produção 104
        7.1.1.1. Sistema de produção extensivo 104
        7.1.1.2. Sistema de produção intensivo 104
            7.1.1.2.1. Sistema de produção intensivo a
                       pasto 104
            7.1.1.2.2. Sistema de produção intensivo em
                       confinamento 104
7.2. Atividades pecuárias 105
7.3. Gado para corte e para reprodução 106
7.4. Indicadores de controle e desempenho 107
    7.4.1. Índice de fertilidade 108
    7.4.2. Índice de natalidade 108
    7.4.3. Índice de mortalidade 109
    7.4.4. Índice de descartes 109
    7.4.5. Índice de rendimento 110
    7.4.6. Taxa de desfrute 110
    7.4.7. Relação vaca/touro 110
    7.4.8. Taxa de densidade 111
    7.4.9. Taxa de crescimento do rebanho 111
    7.4.10. Índice de desmame 111
7.5. Avaliação do rebanho ao custo histórico 112

7.5.1. Dados para o exemplo (custo histórico).............. 115
    7.5.1.1. Ano de 20X1 116
        7.5.1.1.1. Rateio do custo do rebanho em formação 116
    7.5.1.2. Ano de 20X2 117
        7.5.1.2.1. Rateio do custo do rebanho em formação 118
    7.5.1.3. Ano de 20X3 120
        7.5.1.3.1. Rateio do custo do rebanho em formação 120
    7.5.1.4. Ano de 20X4 124
        7.5.1.4.1. Cálculo do custo do gado vendido (para incluir no mapa) das novilhas transferidas... 124
        7.5.1.4.2. Rateio do custo do rebanho em formação 125
        7.5.1.4.3. Algumas considerações....................... 125
        7.5.1.4.4. Apuração do resultado bruto – R$ 128
7.5.2. Críticas ao custo histórico utilizado na pecuária e uma sugestão de solução.................... 128
7.6. Método de avaliação pelo preço de mercado................. 132
    7.6.1. O reconhecimento da receita na pecuária........... 130
        7.6.1.1. Ciclo operacional................................. 132
        7.6.1.2. Crescimento natural 133
        7.6.1.3. Avaliação de mercado objetiva e estável... 133
        7.6.1.4. Avaliação do bezerro............................ 134
        7.6.1.5. O reconhecimento da receita na pecuária e a repercussão na distribuição de dividendos no Imposto de Renda e na CSLL... 135
        7.6.1.6. O momento da avaliação 136
        7.6.1.7. Nascimentos planejados 136
        7.6.1.8. A confrontação da despesa................... 137
        7.6.1.9. Exemplos.. 138
        7.6.1.9.1. Ano de 20X1 138
        7.6.1.9.2. Ano de 20X2 138
        7.6.1.9.3. Ano de 20X3 139
7.7. Plano de contas... 140
    7.7.1. Balanço Patrimonial.. 140

7.7.2. Demonstração do Resultado do Exercício
(DRE) 141
7.8. Depreciação na agropecuária 144
7.9. Inventário dos estoques 146
7.10. Definição de Custo ou Investimento 147

8 – ATIVO BIOLÓGICO E PRODUTO AGRÍCOLA – CPC 29 149
8.1. Objetivo 149
8.2. Alcance 150
    8.2.1. Exemplos 151
    8.2.2. Exceções 151
8.3. Definições 152
    8.3.1. Definições relacionadas com a área agrícola 152
        8.3.1.1. Abrangência da atividade agrícola 153
        8.3.1.2. Transformação biológica 153
    8.3.2. Definições gerais 154
    8.3.3 Plantas portadoras 154
    8.3.4 Não são plantas portadoras 155
8.4. Reconhecimento e mensuração 155
    8.4.1. Valor justo 156
        8.4.1.1. Venda de produtos agrícolas em data futura 156
        8.4.1.2. Custos versus valor justo 157
8.5. Ganhos e perdas 157
8.6. Incapacidade para mensurar de forma confiável o valor justo 158
8.7. Subvenção governamental 159
    8.7.1. As diversas formas dos termos e condições das subvenções governamentais 159
8.8. Divulgação 160
    8.8.1. Geral 160
        8.8.1.1. Descrição dos ativos biológicos 160
            8.8.1.1.1. Ativos biológicos consumíveis e para produção – Definição 160
            8.8.1.1.2. Ativos biológicos maduros ou imaturos 161
        8.8.1.2. Ativos biológicos cuja titularidade legal seja restrita 161

Sumário

       8.8.1.3. Conciliação das mudanças no valor contábil de ativos biológicos 162
       8.8.1.4. Mudanças nos preços dos ativos biológicos em razão das mudanças físicas e mercadológicas 162
           8.8.1.4.1. Causadores das mudanças físicas 163
   8.8.2. Divulgação adicional para ativo biológico cujo valor justo não pode ser mensurado de forma confiável 163
       8.8.2.1. Mensuração de ganho ou perda sobre a venda dos ativos biológicos 164
       8.8.2.2. Valor justo com mensuração confiável ... 164
   8.8.3. Subvenção governamental 164
8.9. Cultura Temporária – Método de Custo 165
8.10. Cultura Temporária – Método pelo Valor Justo 166
   8.10.1. Balanço inicial para o exemplo 166
   8.10.2. Dados em 04/20X1 167
   8.10.3. Novos gastos em 07/20X1 170
   8.10.4. Valor da produção no mercado 171
   8.10.5. Estoque de produtos colhidos 173
   8.10.6. Venda da safra (segue o CPC 16) 174
8.11. Cultura Permanente – Avaliação a Valor Justo 177

9 – REDUÇÃO AO VALOR RECUPERÁVEL DE ATIVOS CPC 01 (R1) 188
9.1. Introdução 188
9.2. Objetivo e alcance 188
9.3. Definições 190
9.4. Identificação de ativos desvalorizados 191
9.5. Determinação do valor recuperável 194
9.6. Reconhecimento das perdas 195
9.7. Unidades geradoras de caixa 195
   9.7.1. Determinação de valor recuperável para unidade geradora de caixa 197
   9.7.2. Desvalorização de uma unidade geradora de caixa 197
9.8. Reversão da perda por desvalorização 198
9.9. Divulgação de informações 199

10 – ESTOQUES – APLICABILIDADE DO CPC 16 (R1) APÓS A COLHEITA DOS ATIVOS BIOLÓGICOS 200
10.1. Introdução 200
10.2. Aplicação e exceções 201
10.3. Algumas definições e esclarecimentos importantes 202
10.4. Mensuração de estoque 203
    10.4.1. Custos do estoque 203
    10.4.2. Custos de aquisição 203
    10.4.3. Custos de transformação 203
        10.4.3.1. Custos indiretos 204
        10.4.3.2. Alocação de custos fixos indiretos – Critérios 204
        10.4.3.3. Períodos de alto volume de produção 204
        10.4.3.4. Processo de produção que resulta em mais de um produto fabricado simultaneamente 205
    10.4.4. Outros custos 205
        10.4.4.1. Elementos financeiros constantes nas compras a prazo 206
    10.4.5. Custo do produto agrícola colhido proveniente de ativo biológico 206
    10.4.6. Outras formas para mensuração do custo 206
10.5. Critérios de valorização de estoque 207
    10.5.1. Peps 208
    10.5.2. Custo médio ponderado 208
10.6. Valor realizável líquido 208
    10.6.1. Critérios para redução dos estoques ao valor realizável líquido 209
        10.6.1.1. Estimativas do valor realizável líquido 209
        10.6.1.2. Provisões 210
        10.6.1.3. Materiais e outros bens de consumo 210
    10.6.2. Valor realizável líquido – Nova avaliação nos períodos subsequentes 210
10.7. Reconhecimento como despesa no resultado 211
10.8. Divulgação 211
    10.8.1. Classificação dos diversos itens de estoque 212

  10.8.2. Valor do estoque baixado – Denominação 212
  10.8.3. Custos indiretos de produção eventualmente
     não alocados aos produtos e valores anormais
     de custos de produção 212
  10.8.4. Formato para a demonstração de resultados .. 213

11 – FLUXO DE CAIXA 214
 11.1. A relevância do fluxo de caixa 214
  11.1.1. Termos importantes 216
 11.2. Demonstração de fluxo de caixa e sua estrutura 217
  11.2.1. Atividades operacionais 217
  11.2.2. Atividades de investimento 219
  11.2.3. Atividades de financiamento 220
  11.2.4. Método Direto e Método Indireto 221
   11.2.4.1. Modelo da DFC pelo Método Indireto 221
   11.2.4.2. Modelo da DFC pelo Método Direto 223
 11.3. Empresas com exploração da atividade rural 223
  11.3.1. Modelo do Método Indireto 224
  11.3.2. Modelo do Método Direto 226

**12 – ARMAZÉNS GERAIS – PRODUTOS
AGROPECUÁRIOS** 227
 12.1. Conceito de armazém geral 227
 12.2. Armazenagem de produtos agropecuários 227
 12.3. Depositário fiel 228

13 – TÍTULOS DE CRÉDITO AGROPECUÁRIO 231
 13.1. Certificado de depósito agropecuário
   (CDA) e warrant agropecuário (WA) 232
 13.2. Certificado de direitos creditórios do agronegócio
   (CDCA) 238
 13.3. Letra de crédito do agronegócio (LCA) 242
 13.4. Regras comuns ao CDCA e à LCA 244
 13.5. Certificado de recebíveis do agronegócio (CRA) 245

14 – TRIBUTAÇÃO NA ATIVIDADE RURAL 248
 14.1. Pessoa física 248
  14.1.1. Apuração do resultado mediante escrituração
    do Livro Caixa 248
  14.1.2. Dispensa de escrituração 249

14.1.3. Arbitramento do resultado por falta de escrituração 250
14.1.4. Exploração de um mesmo imóvel rural por mais de uma pessoa 250
14.1.5. Resultado produzido por imóvel rural de propriedade comum do casal 251
14.1.6. Receita bruta da atividade rural 251
    14.1.6.1. Valores integrantes 251
    14.1.6.2. Vendas para recebimento a prazo .. 253
    14.1.6.3. Comprovação 253
    14.1.6.4. Adiantamentos recebidos por conta de safra não colhida 254
    14.1.6.5. Vendas com preço final sujeito à variação 254
14.1.7. Despesas de custeio e investimentos 254
    14.1.7.1. Dedução das receitas – Valores abrangidos 254
    14.1.7.2. Dedução no mês do pagamento 256
    14.1.7.3. Comprovação 256
14.1.8. Declaração de ajuste anual 257
    14.1.8.1. Obrigatoriedade de apresentação do Demonstrativo da Atividade Rural 257
    14.1.8.2. Formas de apresentação 257
    14.1.8.3. Opção pelo desconto simplificado . 258
14.1.9. Resultado tributável 258
14.1.10. Compensação de prejuízos 258
14.1.11. Bens da atividade rural 259
14.1.12. Atividade rural exercida no exterior 260
14.1.13. Atividade rural exercida no Brasil por residente no exterior 262
14.2. Pessoa jurídica 262
    14.2.1. Introdução 262
    14.2.2. Benefícios fiscais 263
    14.2.3. Atividades consideradas rurais 264
    14.2.4. Atividades que não são consideradas como rurais 265
    14.2.5. Depreciação de bens do Ativo Imobilizado 266
    14.2.6. Alienação dos bens da atividade rural 267

14.2.7. Utilização dos bens da atividade rural em outras atividades 267
14.2.8. Pessoa jurídica rural que retornar ao lucro real 268
14.2.9. Empresa rural que explorar outra atividade ... 269
14.2.10. Compensação de prejuízos fiscais 272
14.2.11. Opção pela tributação com base no lucro presumido 273
14.2.12. Opção pela tributação no lucro arbitrado 274
14.2.13. Tributação com base no lucro real 274
14.2.14. Cálculo do imposto 274
       14.2.14.1. Alíquotas 274
       14.2.14.2. Base de cálculo 275
14.2.15. Contribuição Social sobre o Lucro (CSL) 276
       14.2.15.1. Contribuição devida nos regimes de tributação trimestral pelo lucro presumido ou de pagamento mensal por estimativa 276
       14.2.15.2. Contribuição Social sobre o Lucro (CSL) devida com base no lucro efetivamente apurado 276
       14.2.15.3. Segregação de receitas 277
14.2.16. Atividade rural exercida no exterior 278
14.2.17. Simples Nacional 278

BIBLIOGRAFIA 281

1
CONSIDERAÇÕES INICIAIS

1.1. INTRODUÇÃO

Há algum tempo, contadores, advogados, administradores e outros profissionais responsáveis pela gestão de empresas, se utilizavam da contabilidade apenas para o cálculo de impostos e atendimento da legislação comercial, tributária e previdenciária. No entanto, a contabilidade se apresenta hoje em dia como uma ferramenta indispensável para uma eficiente gestão de negócios e para a administração moderna da empresa, pois é amplamente utilizada na tomada de decisões.

Em face das necessidades acadêmicas ou profissionais, e da exigência de alguns setores econômicos (agrícola, por exemplo), a contabilidade, assim como outras ciências, pode ser dividida e identificada de acordo com a atividade desenvolvida pela empresa. Temos, por exemplo, as seguintes especializações:

a) Contabilidade agrícola, aplicável às empresas agrícolas;
b) Contabilidade rural, aplicável às empresas rurais;
c) Contabilidade da zootécnica, aplicável às empresas que exploram a zootecnia (criação de animais);

d) Contabilidade pecuária, aplicável às empresas pecuárias;
e) Contabilidade agropecuária, aplicável às empresas agropecuárias; e
f) Contabilidade da agroindústria, aplicável às empresas agroindustriais.

1.2. CONTABILIDADE RURAL

A Contabilidade Rural é aplicada às empresas rurais, e é utilizada como importante ferramenta auxiliar dos empresários deste setor.

A "Empresa Rural" é definida pelo Estatuto da Terra (Lei nº 4.504/1964), art. 4º, inciso VI, como:

> "... empreendimento de pessoa física ou jurídica, pública ou privada, que explore econômica e racionalmente imóvel rural, dentro de condição de rendimento econômico da região em que se situe e que explore área mínima agricultável do imóvel segundo padrões fixados, pública e previamente, pelo Poder Executivo. Para esse fim, equiparam-se às áreas cultivadas, as pastagens, as matas naturais e artificiais e as áreas ocupadas com benfeitorias."

Depreende-se desta definição, que a Empresa Rural abrange as atividades Agrícola, Zootécnica e Agroindustrial.

Por atividade Agrícola, entende-se aquela que explora o solo com o propósito do plantio e produção vegetal. A Zootécnica consiste na criação de animais, para serviços de lavoura, para consumo doméstico ou para fins industriais e comerciais. Já a atividade Agroindustrial é o beneficiamento do produto agrícola (arroz, café, milho), como também a transformação zootécnica (mel, laticínios) e agrícola (açúcar, óleo de soja).

1.3. ATIVIDADES CONSIDERADAS RURAIS

O art. 249 da Instrução Normativa RFB nº 1.700/2017 dispõe que a exploração da atividade rural inclui as operações de giro normal da pessoa jurídica, em decorrência das seguintes atividades consideradas rurais:

a) a agricultura;
b) a pecuária;
c) a extração e a exploração vegetal e animal;
d) a exploração de atividades zootécnicas, tais como apicultura, avicultura, cunicultura, suinocultura, sericicultura, piscicultura e outras culturas animais;
e) o cultivo de florestas que se destinem ao corte para comercialização, consumo ou industrialização;
f) a venda de rebanho de renda, reprodutores ou matrizes; e
g) a transformação de produtos decorrentes da atividade rural, sem que sejam alteradas a composição e as características do produto *in natura*, feita pelo próprio agricultor ou criador, com equipamentos e utensílios usualmente empregados nas atividades rurais, utilizando exclusivamente matéria-prima produzida na área rural explorada.

1.3.1. Transformação de produtos

Considera-se transformação de produtos decorrentes da atividade rural:

a) no caso de produtos agrícolas:
   a.1) o descasque de arroz e de outros produtos semelhantes;
   a.2) a debulha de milho;
   a.3) a conserva de frutas;
   a.4) a moagem de trigo e de milho;
   a.5) a moagem de cana-de-açúcar para produção de açúcar mascavo, melado, rapadura;
   a.6) a moagem dos grãos em farinha ou farelo;
b) no caso de produtos zootécnicos, a produção:
   b.1) de mel acondicionado em embalagem de apresentação;
   b.2) de laticínio (pasteurização e acondicionamento de leite; transformação de leite em queijo, manteiga e requeijão);

b.3) de sucos de frutas acondicionados em embalagem de apresentação; e

b.4) de adubos orgânicos;

c) no caso de produtos florestais:

c.1) a produção de carvão vegetal;

c.2) a produção de lenha com árvores da propriedade rural; e

c.3) a venda de pinheiros e madeira de árvores plantadas na propriedade rural;

d) produção de embriões de rebanho em geral, alevinos e girinos, em propriedade rural, independentemente de sua destinação (reprodução ou comercialização).

1.3.2. Pesca

A atividade de captura de pescado *in natura* é considerada extração animal, desde que a exploração se faça com apetrechos semelhantes aos da pesca artesanal (arrastões de praia, rede de cerca etc.), inclusive a exploração em regime de parceria.

Cumpre esclarecer que perante a legislação do imposto de renda, se considera unidade rural a embarcação para captura *in natura* do pescado, e o imóvel, ou qualquer lugar, utilizado para exploração ininterrupta da atividade rural.

1.4. ATIVIDADES NÃO CONSIDERADAS RURAIS

O art. 250 da Instrução Normativa RF nº 1.700/2017 dispõe que não se considera atividade rural:

a) a industrialização de produtos, tais como: bebidas alcoólicas em geral, óleos essenciais, arroz beneficiado em máquinas industriais, fabricação de vinho com uvas ou frutas;

b) a comercialização de produtos rurais de terceiros e a compra e venda de rebanho com permanência em poder da pessoa jurídica rural em prazo inferior a 52 dias, quando em regime de confinamento, ou 138 dias, nos demais casos;

c) o beneficiamento ou a industrialização de pescado *in natura*;

d) o ganho auferido pela pessoa jurídica rural proprietária de rebanho, entregue, mediante contrato por escrito, à outra parte contratante (simples possuidora do rebanho) para o fim específico de procriação, ainda que o rendimento seja predeterminado em número de animais;

e) as receitas provenientes do aluguel ou arrendamento de máquinas, equipamentos agrícolas e pastagens, e da prestação de serviços em geral, inclusive a de transporte de produtos de terceiros;

f) as receitas decorrentes da venda de recursos minerais extraídos de propriedade rural, tais como metal nobre, pedras preciosas, areia, aterro, pedreiras;

g) as receitas financeiras de aplicações de recursos no período compreendido entre dois ciclos de produção;

h) os valores dos prêmios ganhos a qualquer título pelos animais que participarem em concursos, competições, feiras e exposições;

i) os prêmios recebidos de entidades promotoras de competições hípicas pelos proprietários, criadores e profissionais do turfe;

j) as receitas oriundas da exploração do turismo rural e de hotel fazenda.

1.5. PRINCÍPIOS FUNDAMENTAIS DE CONTABILIDADE E DEFINIÇÃO DO EXERCÍCIO SOCIAL

Aplicam-se às entidades rurais os Princípios Fundamentais de Contabilidade, bem como as Normas Brasileiras de Contabilidade e suas Interpretações Técnicas e Comunicados Técnicos, editados pelo Conselho Federal de Contabilidade.

O exercício social das entidades rurais é aquele estabelecido no seu instrumento societário e, na ausência dele, o ano-calendário.

1.6. REGISTROS CONTÁBEIS DAS ENTIDADES RURAIS

A escrituração contábil das entidades rurais é obrigatória, devendo as receitas, custos e despesas ser contabilizados mensalmente.

Por sua vez, os registros contábeis devem evidenciar as contas de receitas, custos e despesas, segregadas por tipo de atividades.

1.6.1. Ciclos operacionais

Os critérios de avaliação adotados pelas entidades rurais devem fundamentar-se nos seus ciclos operacionais.

1.6.2. Tratamento das perdas

As perdas, parciais ou totais, decorrentes de ventos, geadas, inundações, pragas, granizos, secas, tempestades e outros eventos naturais, bem como de incêndios, devem ser registradas como despesas não operacionais do exercício.

1.7. DEMONSTRAÇÕES CONTÁBEIS

As demonstrações contábeis das entidades devem ser elaboradas de acordo com o CPC 26 (R1) – Apresentação das Demonstrações Contábeis.

Segundo o CPC 26 (R1), as demonstrações contábeis são uma representação estruturada da posição patrimonial e financeira e do desempenho da entidade.

Pode-se afirmar que o objetivo das demonstrações contábeis é o de proporcionar informação acerca da posição patrimonial e financeira, do desempenho e dos fluxos de caixa da entidade que seja útil a um grande número de usuários em suas avaliações e tomada de decisões econômicas.

Assim, as demonstrações contábeis também objetivam apresentar os resultados da atuação da administração, em face de seus deveres e responsabilidades, na gestão diligente dos recursos que lhe foram confiados.

1.7.1. Notas explicativas

As demonstrações contábeis devem ser complementadas por notas explicativas, elaboradas com obediência à NBC TG 26 (R2), devendo, entre outras informações:

a) apresentar informação acerca da base para a elaboração das demonstrações contábeis e das políticas contábeis específicas utilizadas de acordo com os itens 117 a 124 da referida norma;

b) divulgar a informação requerida pelas normas, interpretações e comunicados técnicos que não tenha sido apresentada nas demonstrações contábeis; e

c) prover informação adicional que não tenha sido apresentada nas demonstrações contábeis, mas que seja relevante para sua compreensão.

> A letra R mais o número que identifica sua alteração (R1, R2, R3, ...) foi adicionada à sigla da Norma para identificar o número da consolidação e facilitar a pesquisa no site do CFC. As citações desta Norma em outras é identifica pela sua sigla sem a referência a R1, R2, R3, pois essas referências são sempre da norma em vigor, evitando, assim, que em cada alteração da norma não haja necessidade de se ajustar as citações em outras normas.

1.8. ENTIDADES AGRÍCOLAS

As entidades agrícolas são aquelas que se destinam à produção de bens, mediante o plantio, manutenção ou tratos culturais, colheita e comercialização de produtos agrícolas.

1.8.1. Culturas agrícolas

No tocante às entidades agrícolas, as culturas agrícolas dividem-se em:

a) temporárias: as que se exigem a colheita, sendo seguidas de um novo plantio; e

b) permanentes: aquelas de duração superior a um ano ou que proporcionam mais de uma colheita, sem a necessidade de novo plantio, recebendo somente tratos culturais no intervalo entre as colheitas.

1.8.2. Ciclo operacional

O ciclo operacional é o período compreendido desde a preparação do solo – entendida esta como a utilização de grade, arado e demais implementos agrícolas, deixando a área disponível para o plantio –, até a comercialização do produto.

2

PRINCÍPIOS DE CONTABILIDADE

2.1. INTRODUÇÃO

Como dissemos no subitem 1.5, às entidades rurais aplicam-se os Princípios Fundamentais de Contabilidade, bem como as Normas Brasileiras de Contabilidade e suas Interpretações Técnicas e Comunicados Técnicos, editados pelo Conselho Federal de Contabilidade.

O que chamávamos de "princípios fundamentais de contabilidade", no bojo das alterações e dos ajustes promovidos a partir da edição da Lei nº 11.638/2007, passou a denominar-se, simplesmente, "princípios de contabilidade".

Os referidos princípios foram oficializados, em princípio, por meio da Resolução CFC nº 750/1993. Originalmente, eram 7 princípios básicos: entidade, continuidade, oportunidade, registro pelo valor original, atualização monetária, competência e prudência.

No entanto, a referida Resolução CFC nº 1993/750 foi revogada pela Resolução nº 1.374/2011, mas isto não significa que os Princípios de Contabilidade foram extintos, mas foram remanejados e passaram a ser tratados em normas específicas, quais sejam: a NBC TG Estrutura Conceitual (Resolução nº 1.374/2011) e a NBCTSP EC.

Confira a seguir quais são esses princípios e uma pequena síntese de cada um deles.

2.2. PRINCÍPIO DA ENTIDADE

Segundo o princípio da entidade, o patrimônio deve revestir-se do atributo de autonomia em relação a todos os outros patrimônios existentes, pois pertence a uma entidade, entendida como um sujeito suscetível à aquisição de direitos e obrigações.

Como se observa, o cerne do princípio da entidade está na autonomia do patrimônio a ela pertencente.

2.3. PRINCÍPIO DA CONTINUIDADE

O princípio da continuidade pressupõe que a Entidade continuará em operação no futuro, logo parte do pressuposto que uma empresa irá operar por período de tempo indeterminado, portanto, deve-se planejar para que isso ocorra, sob pena de fenecer por caducidade, obsolescências dos negócios, implantando inovações que o negócio exige, diante das eternas modificações e aprimoramentos que se fizerem necessário tendo em vista as novidades tecnológicas, em permanente expansão, por exemplo.

2.4. PRINCÍPIO DA OPORTUNIDADE

O princípio da oportunidade refere-se ao processo de mensuração e apresentação dos componentes patrimoniais para produzir informações íntegras e tempestivas, a falta de integridade e tempestividade pode ocasionar a perda da relevância dos registros contábeis.

A falta de integridade e tempestividade na produção e na divulgação da informação contábil pode ocasionar a perda de sua relevância, por isso, é necessário ponderar a relação entre a oportunidade e a confiabilidade da informação.

2.4.1. Integridade e tempestividade

O princípio da oportunidade abarca 2 aspectos distintos, mas complementares: a integridade e a tempestividade. Por isso, muitos autores preferem denominá-lo de "princípio da universalidade".

Em linhas gerais, a integridade diz respeito à necessidade de as variações serem reconhecidas na sua totalidade, isto é, sem qualquer falta ou excesso.

Refere-se, pois, à completeza da apreensão, que não admite a exclusão de quaisquer variações monetariamente quantificáveis.

Como as variações incluem elementos quantitativos e qualitativos, bem como os aspectos físicos pertinentes, e levando-se em conta, ainda, que a avaliação é regida por princípios próprios, a integridade diz respeito, fundamentalmente, às variações em si.

Isso, todavia, não elimina a necessidade do reconhecimento das variações nos casos em que não há certeza definitiva da sua ocorrência, mas somente alto grau de possibilidade.

Já a tempestividade obriga a que as variações sejam registradas no momento em que ocorrerem, mesmo na hipótese de alguma incerteza.

Caso não seja seguido esse preceito, ficarão:

a) incompletos os registros sobre o patrimônio;
b) insuficientes quaisquer demonstrações ou relatos; e
c) falseadas as conclusões, diagnósticos e prognósticos.

2.5. PRINCÍPIO DO REGISTRO PELO VALOR ORIGINAL

Esse princípio determina que os componentes do patrimônio devem ser inicialmente registrados pelos valores originais das transações, expressos em moeda nacional, isto é, os bens e serviços e todo o patrimônio da empresa devem ser registrados de acordo com o valor originalmente pagos por ele, independentemente do que vale no mercado.

Todas as transações deverão ser contabilizadas pelo valor da aquisição, independente do seu valor real.

2.6. PRINCÍPIO DA COMPETÊNCIA

Pelo princípio da competência, os efeitos das transações e outros eventos devem ser reconhecidos nos períodos a que se referem, independentemente do recebimento ou pagamento.

Também ficou pressuposta, de acordo com tal princípio, a simultaneidade da confrontação de receitas e de despesas correlatas.

Portanto, por exemplo, uma venda ou compra a prazo deve ser contabilizada no mês do fato gerador, e não no mês do recebimento/pagamento das parcelas.

2.7. PRINCÍPIO DA PRUDÊNCIA

O princípio da prudência diz respeito ao fato que os contadores devem usar de prudência quando no julgamento de estimativas contábeis. Isto é, esse princípio determina a adoção do menor valor para os componentes do Ativo e do maior valor para os do Passivo, sempre que se apresentem alternativas igualmente válidas para a quantificação das mutações patrimoniais que alterem o patrimônio líquido. O objetivo desse princípio é que ativos e receitas não sejam superestimados e que passivos e despesas não sejam subestimados.

Exemplificando, temos os procedimentos das provisões das perdas nos estoques, nos investimentos, nos impairment, das férias, do 13º salário, devidamente comprometidos e que irão afetar ou afetou o patrimônio e o resultado da empresa.

2.8. INOBSERVÂNCIA DOS PRINCÍPIOS DE CONTABILIDADE – PENALIDADES

A inobservância dos princípios de contabilidade constitui infração às alíneas "c", "d" e "e" do art. 27 do Decreto-Lei nº 9.295/1946 e, quando aplicável, ao Código de Ética Profissional do Contabilista. Assim, o contabilista que comete infração fica sujeito a uma das seguintes penalidades:

a) multa de 1 a 5 vezes o valor da anuidade do exercício em curso;
b) suspensão do exercício da profissão, pelo período de até 2 anos;
c) suspensão do exercício da profissão, pelo prazo de 6 meses a 1 ano.

3
PRODUTOR RURAL

3.1. INTRODUÇÃO

No Brasil, boa parte dos agricultores é composta por trabalhadores rurais, que produzem diversas culturas e cujas propriedades carecem da aplicação de tecnologias.

Por essa razão, as produções agropecuária e agrícola são de baixa produtividade, isto por causa da falta de incentivo governamental, que pouco contribui com linhas de crédito, consultoria técnica e subsídios.

Apesar destas dificuldades, esses pequenos produtores têm uma parcela significativa no fornecimento e disposição de alimentos no mercado interno.

Vemos que essa questão tem preocupado muito os pequenos e médios produtores, que precisam driblar as adversidades, tais como: pequena produção, preços baixos, custo elevado e outros que se defrontam diante dos grandes latifundiários e empresas do ramo agropecuário.

Em face desse cenário, a FAO (Organização das Nações Unidas para a Agricultura e Alimentação), que é uma instituição que trabalha para a erradicação da fome do mundo, constantemente, tem solicitado junto ao governo do país, para que disponha políticas de subsídios e recursos para ajudar esses pequenos e médios produtores.

3.2. ATIVIDADE RURAL NO BRASIL

A cada ano, safras recordes são colhidas no Brasil, relativamente a diversos produtos agrícolas e de origem animal.

À primeira vista, parece que somos um país estritamente voltado à produção rural, principalmente se considerarmos a abundância de recursos naturais existentes, numa área onde cabem alguns dos mais importantes países do mundo, alguns deles talvez mais de uma vez.

Entretanto, basta que se conheça a densidade demográfica do nosso território, para que se saiba que estamos longe de encabeçar a lista dos países mais desenvolvidos do planeta em termos de atividade rural.

As causas são muitas e estão sempre presentes nas discussões e reivindicações de todos os setores da sociedade, como, por exemplo:

- trabalhadores rurais lutando por melhores salários e condições de trabalho dignas;
- produtores rurais cobrando do governo a adoção de uma política agrária que preconize o incremento à produção rural, por meio de subsídios, incentivos, financiamento de insumos e equipamentos com taxas justas e razoáveis, modernização dos meios de transporte para escoamento da produção, barateamento de tarifas portuárias, alfandegárias etc., ou seja, diminuição do custo de produção, tornando-o atrativo e competitivo, tanto nacional, como internacionalmente;
- outros setores pleiteando reforma agrária, incentivo ao trabalhador para que retorne ao campo, tratamento específico ao pequeno e médio produtor etc.

Enfim, comparativamente, a discussão é tão grande quanto a quantidade de terra e recursos naturais a serem corretamente explorados.

3.3. CONCEITOS

Para melhor entendimento do assunto, para que se possa, inclusive, de alguma forma colaborar para a modernização deste complexo sistema, é importante o conhecimento do processo produtivo, seus agentes e as contribuições advindas do produto desta atividade. Dessa forma, delineamos a seguir alguns conceitos que se fazem necessários para melhor esclarecimento da questão.

3.3.1. Empregado rural

É considerado empregado rural toda pessoa física que, em propriedade rural ou prédio rústico, presta serviços de natureza não eventual a empregador rural, sob a dependência deste e mediante salário.

Observa-se que os requisitos exigidos para que se estabeleça a relação de emprego no meio rural são os mesmos aplicáveis aos trabalhadores urbanos, ou seja, não eventualidade, pessoalidade, subordinação e remuneração, entre outros.

Quando o agenciador de trabalhador volante não estiver legalmente constituído como pessoa jurídica, ambos (boia-fria e agenciador) serão considerados empregados do tomador dos serviços.

Considera-se trabalhador rural aquele que, exercendo funções diretamente ligadas à agricultura e à pecuária, não seja empregado em atividades cujas características se classifiquem como industriais ou comerciais.

3.3.2. Empregador rural

Empregador rural é a pessoa física ou jurídica, proprietária ou não, que explore atividade agroeconômica (inclusive a exploração industrial em estabelecimento agrário), em caráter permanente ou temporário, diretamente ou por intermédio de prepostos e com auxílio de empregados.

Considera-se preposto a pessoa encarregada pelo empregador rural para dirigir a exploração da atividade rural. O preposto é um representante do empregador, devendo cumprir as suas ordens. A responsabilidade e os riscos da atividade são assumidos pelo empregador rural e não pelo preposto.

Equipara-se ao empregador rural a pessoa física que, habitualmente, em caráter profissional, e por conta de terceiros, execute serviços de natureza agrária, mediante utilização do trabalho de outrem.

3.3.3. Produtor rural

Produtor rural é a pessoa física ou jurídica, proprietária ou não, que desenvolve, em área urbana ou rural, a atividade agropecuária, pesqueira ou silvicultural, bem como a extração de produtos primários, vegetais ou animais, em caráter permanente ou temporário, diretamente ou por intermédio de prepostos, sendo:

I) produtor rural pessoa física:
   a) como segurado especial: a pessoa física residente no imóvel rural ou em aglomerado urbano ou rural próximo a ele que, individualmente ou em regime de economia familiar, ainda que com o auxílio eventual de terceiros a título de mútua colaboração, na condição de:
      a.1) produtor, seja proprietário, usufrutuário, possuidor, assentado, parceiro ou meeiro outorgados, comodatário ou arrendatário rurais, que explore atividade: agropecuária em área contínua de até 4 módulos fiscais; ou de seringueiro ou extrativista vegetal na coleta e extração, de modo sustentável, de recursos naturais renováveis, e faça dessas atividades o principal meio de vida;
      a.2) pescador artesanal ou a este assemelhado, que faça da pesca profissão habitual ou principal meio de vida; e
      a.3) cônjuge ou companheiro, bem como filho maior de 16 anos de idade ou a este equi-

3 – Produtor Rural

parado, do segurado de que tratam as letras "a.1" e "a.2" deste subtópico, que, comprovadamente, tenham participação ativa nas atividade rurais do grupo familiar;

Para os efeitos do disposto na letra "a", considera-se:

1) regime de economia familiar: a atividade em que o trabalho dos membros da família é indispensável à própria subsistência e ao desenvolvimento socioeconômico do núcleo familiar e é exercido em condições de mútua dependência e colaboração, sem a utilização de empregados permanentes. Para serem considerados segurados especiais, o cônjuge ou companheiro e os filhos maiores de 16 anos ou os a estes equiparados deverão ter participação ativa nas atividades rurais do grupo familiar.

O grupo familiar poderá utilizar-se de empregados contratados por prazo determinado ou trabalhador que presta serviço de natureza urbana ou rural, em caráter eventual, a uma ou mais empresas, sem relação de emprego, em épocas de safra, à razão de no máximo 120 pessoas/dia no ano civil, em períodos corridos ou intercalados ou, ainda, por tempo equivalente em horas de trabalho à razão de 8 horas/dia e 44 horas/semanas;

2) auxílio eventual de terceiros: aquele exercido ocasionalmente, em condições de mútua colaboração, não existindo remuneração nem subordinação entre as partes;

3) pescador artesanal: aquele que, individualmente ou em regime de economia familiar, faz da pesca sua profissão habitual ou seu meio principal de vida, desde que:
   a) não utilize embarcação;
   b) utilize embarcação de até seis toneladas de arqueação bruta, ainda que com auxílio de parceiro;
   c) na exclusiva condição de parceiro outorgado, utilize embarcação de até 10 toneladas de arqueação bruta (expressão da capacidade total da embarcação constante da respectiva certificação fornecida por órgão competente).

d) a pessoa física, proprietária ou não, que explora atividade agropecuária, a qualquer título, em caráter permanente ou temporário, em área superior a 4 módulos fiscais; ou, quando em área igual ou inferior a 4 módulos fiscais ou atividade pesqueira ou extrativista, com auxílio de empregados ou por intermédio de prepostos; ou ainda nas hipóteses dos §§ 8º e 9º do art. 10 da Instrução Normativa RFB nº 971/2009;

II) produtor rural pessoa jurídica:

a) o empregador rural que, constituído sob a forma empresário individual, assim considerado pela Lei nº 10.406/2002 (Código Civil), art. 931, ou sociedade empresária, tem como fim apenas a atividade de produção rural;

b) a agroindústria que desenvolve as atividades de produção rural e de industrialização, da produção rural própria ou da produção rural própria e da adquirida de terceiros.

3.3.4. Agroindústria

Agroindústria é a pessoa jurídica cuja atividade econômica seja a industrialização de produção própria ou de produção própria e adquirida de terceiros.

Considera-se industrialização, para fins de enquadramento do produtor rural pessoa jurídica como agroindústria, a atividade de beneficiamento, quando constituir parte da atividade econômica principal ou fase do processo produtivo, e concorrer, nessa condição, em regime de conexão funcional, para a consecução do objeto da sociedade.

3.3.5. Atividade econômica autônoma

Atividade econômica autônoma é a que não constitui parte de atividade econômica mais abrangente ou fase de processo produtivo mais complexo, e que seja exercida mediante estrutura operacional definida, em um ou mais estabelecimentos.

3.3.6. Beneficiamento

Beneficiamento é a primeira modificação ou o preparo dos produtos de origem animal ou vegetal, realizado diretamente pelo próprio produtor rural pessoa física e desde que não esteja sujeito à incidência do Imposto sobre Produtos Industrializados (IPI), por processos simples ou sofisticados, para posterior venda ou industrialização, sem lhes retirar a característica original, assim compreendidos, dentre outros, os processos de lavagem, limpeza, descaroçamento, pilagem, descascamento, debulhação, secagem, socagem e lenhamento.

Exemplos: amendoim, arroz, ervilha e feijão sem casca, café e cacau secados ao sol etc.

3.3.7. Industrialização rudimentar

Industrialização rudimentar é o processo de transformação do produto rural, realizado pelo produtor rural pessoa física ou pessoa jurídica, alterando-lhe as características originais, tais como a pasteurização, o resfriamento, a fermentação, a embalagem, o carvoejamento, o cozimento, a destilação, a moagem, a torrefação, a cristalização, a fundição, dentre outros similares.

Exemplos: farinha, queijo, manteiga, iogurte, doce caseiro, carvão vegetal, suco, vinho, aguardente, açúcar mascavo, café moído ou torrado, erva-mate, castanha de caju torrada, rapadura.

3.3.8. Subprodutos e resíduos

Subprodutos e resíduos são aqueles que, mediante processo de beneficiamento ou de industrialização rudimentar de produto rural original, surgem sob novas formas, tais como a casca, o farelo, a palha, o pelo e o caroço, dentre outros.

O excremento de aves e animais, quando comercializado, é considerado produto rural para efeito de incidência das contribuições sociais, em razão de característica e origem próprias.

3.3.9. Adquirente

Adquirente é a pessoa física ou jurídica que adquire a produção rural para uso comercial, industrial ou para qualquer outra finalidade econômica.

3.3.10. Consignatário

Consignatário é o comerciante a quem a produção rural é entregue para que seja comercializada, de acordo com as instruções do fornecedor.

3.3.11. Consumidor

Consumidor é a pessoa física ou jurídica que adquire a produção rural no varejo ou diretamente do produtor rural, para uso ou consumo próprio.

3.3.12. Arrematante

Arrematante é a pessoa física ou jurídica que arremata ou que adquire produção rural em leilões ou praças.

3.3.13. Sub-rogado

Sub-rogado é a condição de que se reveste a empresa adquirente, consumidora ou consignatária, ou a cooperativa que, por expressa disposição de lei, torna-se diretamente responsável pelo recolhimento das contribuições devidas pelo produtor rural pessoa física e pelo segurado especial.

3.3.14. Parceria rural

Parceria rural é o contrato agrário pelo qual uma pessoa se obriga a ceder a outra, por tempo determinado ou não, o uso de imóvel rural, de parte ou de partes de imóvel rural, incluindo ou não benfeitorias e outros bens, ou de embarcação, com o objetivo de nele exercer atividade agropecuária ou pesqueira ou de lhe entregar animais para cria, recria, invernagem, engorda ou para extração de matéria-prima de origem animal ou vegetal, mediante partilha de risco, proveniente de caso fortuito ou de força maior, do empreendimento rural e dos frutos, dos produtos ou dos lucros havidos, nas proporções que estipularem.

3.3.15. Parceiro

Parceiro é aquele que, comprovadamente, tem contrato de parceria com o proprietário do imóvel ou embarcação e nele desenvolve atividade agropecuária ou pesqueira, partilhando os lucros conforme o ajustado em contrato.

3.3.16. Meeiro

Meeiro é aquele que, comprovadamente, tem contrato com o proprietário do imóvel ou de embarcação e nele desenvolve atividade agropecuária ou pesqueira, dividindo os rendimentos auferidos em partes iguais.

3.3.17. Parceria de produção rural integrada

Parceria de produção rural integrada é o contrato entre produtores rurais, pessoa física com pessoa jurídica ou pessoa jurídica com pessoa jurídica, objetivando a produção rural para fins de industrialização ou de comercialização, sendo o resultado partilhado nos termos contratuais.

Realiza-se mediante contrato entre produtores rurais, pessoa física com pessoa jurídica ou pessoa jurídica com pessoa jurídica, objetivando a produção rural para fins de industrialização ou de comercialização, sendo o resultado partilhado nos termos contratuais.

O parceiro outorgante entrega ao parceiro outorgado a criação e o tratamento de animais – (exemplo: frangos e suínos) – para serem devolvidos ao estarem prontos para abate. Além de entregar os animais em início de crescimento, o parceiro outorgante fornece ração, medicamentos, assistência técnica e outros insumos.

O parceiro outorgado trata os animais em instalações (aviários e pocilgas) de sua posse ou propriedade.

Quando a produção está pronta para a industrialização, retorna ao parceiro outorgante, sendo parte (percentual) considerada produção própria, com emissão de nota fiscal de entrada e parte (percentual) considerada produção do parceiro outorgado, com emissão de nota fiscal de compra por parte da agroindústria.

3.3.18. Arrendamento rural

Arrendamento rural é o contrato pelo qual uma pessoa se obriga a ceder a outra, por tempo determinado ou não, o uso e o gozo de imóvel rural, de parte ou de partes de imóvel rural, incluindo ou não outros bens e outras benfeitorias, ou embarcação, com o objetivo de nele exercer atividade de exploração agropecuária ou pesqueira mediante certa retribuição ou aluguel.

3.3.19. Arrendatário

Arrendatário é aquele que, comprovadamente, utiliza o imóvel ou embarcação, mediante retribuição acertada ou pagamento de aluguel ao arrendante, com o objetivo de nele desenvolver atividade agropecuária ou pesqueira.

3.3.20. Comodato rural

Comodato rural é o empréstimo gratuito de imóvel rural, de parte ou partes de imóvel rural, incluindo ou não outros bens e outras benfeitorias, ou embarcação, com o objetivo de nele ser exercida atividade agropecuária ou pesqueira.

3.3.21. Comodatário

Comodatário é aquele que, comprovadamente, explora o imóvel rural ou embarcação pertencente a outra pessoa, por empréstimo gratuito, por tempo indeterminado ou não, com o objetivo de nele desenvolver atividade agropecuária ou pesqueira.

3.3.22. Usufrutuário

Usufrutuário é aquele que, não sendo proprietário de imóvel rural, tem direito à posse, ao uso, à administração ou à percepção dos frutos, podendo usufruir o bem em pessoa ou mediante arrendamento, comodato, parceria ou meação.

3.3.23. Consórcio simplificado de produtores rurais

Consórcio simplificado de produtores rurais é a união de produtores rurais pessoas físicas que, mediante documento registrado em cartório de títulos e documentos, outorga a um deles poderes

3 – Produtor Rural

para contratar, gerir e demitir trabalhador para a exclusiva prestação de serviços aos integrantes desse consórcio, observado que:

a) a formalização do consórcio ocorre por meio de documento registrado em cartório de títulos e documentos, que deverá conter a identificação de cada produtor rural pessoa física, seu endereço pessoal e o de sua propriedade rural, bem como o respectivo registro no Incra ou informações relativas à parceria, à meação, ao comodato ou ao arrendamento e a matrícula de cada um dos produtores rurais no CEI;

b) o consórcio simplificado de produtores rurais equipara-se ao empregador rural pessoa física.

3.3.24. *Cooperativa de produção rural*

Cooperativa de produção rural é a sociedade de produtores rurais pessoas físicas, ou de produtores rurais pessoas físicas e pessoas jurídicas que, organizada na forma da lei, constitui-se em pessoa jurídica com o objetivo de produzir e industrializar, ou de produzir e comercializar, ou de produzir, industrializar e comercializar a sua produção rural.

3.3.25. *Cooperativa de produtores rurais*

Cooperativa de produtores rurais é a sociedade organizada por produtores rurais pessoas físicas ou por produtores rurais pessoas físicas e pessoas jurídicas, com o objetivo de comercializar, ou de industrializar, ou de industrializar e comercializar a produção rural dos cooperados.

Observações importantes quanto às cooperativas de produtores rurais:

a) é uma sociedade de pessoas, com forma e natureza jurídica própria, de natureza civil, não sujeita à falência, constituída para prestar serviços aos associados;

b) o ingresso nas cooperativas é livre a todos que desejarem utilizar os serviços prestados pela sociedade, desde que adiram aos propósitos sociais e preencham as condições estabelecidas no estatuto;

c) poderão ingressar nas cooperativas de pesca e nas constituídas por produtores rurais ou extrativistas, as pessoas jurídicas que pratiquem as mesmas atividades econômicas das pessoas físicas associadas;

d) a entrega da produção do associado à sua cooperativa significa a outorga a esta de plenos poderes para a sua livre disposição, inclusive para gravá-la e dá-la em garantia de operações de crédito realizadas pela sociedade, salvo se, tendo em vista os usos e costumes relativos à comercialização de determinados produtos, sendo de interesse do produtor, os estatutos dispuserem de outro modo;

e) as cooperativas agropecuárias e de pesca poderão adquirir produtos de não associados, agricultores, pecuaristas ou pescadores, para completar lotes destinados ao cumprimento de contratos ou suprir capacidade ociosa de instalações industriais das cooperativas;

f) as cooperativas poderão oferecer bens e serviços a não associados, desde que tal faculdade atenda aos objetivos sociais e estejam de conformidade com a Lei nº 5.764/1971;

g) qualquer que seja o tipo de cooperativa, não existe vínculo empregatício entre ela e seus associados;

h) as cooperativas igualam-se às demais empresas em relação aos seus empregados para os fins da legislação trabalhista e previdenciária.

4
LIVRO CAIXA

4.1. INTRODUÇÃO

Apura-se o resultado da exploração da atividade rural mediante escrituração, manual ou eletrônica, do Livro Caixa, abrangendo as receitas, as despesas de custeio, os investimentos e os demais valores que integram a atividade rural do declarante (Instrução Normativa SRF nº 83/2001, artigo 22, *caput* e § 1º, e artigos 23 a 25).

Quando a receita bruta total auferida no ano-calendário não exceder a R$ 56.000,00, será facultada a apuração mediante prova documental, dispensada a escrituração do Livro Caixa, exceto na hipótese de apuração de prejuízo para compensação futura.

4.2. ESCRITURAÇÃO

A escrituração do Livro Caixa será baseada em documentos hábeis e idôneos que comprovem tanto as receitas quanto as despesas de custeio, os investimentos e os demais valores que integram a atividade rural do declarante. O Livro Caixa independe de registro ou autenticação em qualquer órgão.

Por meio do programa Livro Caixa de Atividade Rural, disponível no *site* da Secretaria da Receita Federal do Brasil, são oferecidas as seguintes vantagens:

- escrituração eletrônica do Livro Caixa;
- impressão do Livro Caixa, com termos de abertura e de encerramento;
- orientações sobre o preenchimento do Livro Caixa;
- totalização das receitas e despesas mensais;
- gravação de dados para serem exportados para a Declaração de Ajuste Anual do IRPF;
- importação de dados cadastrais do Livro Caixa;
- gravação e recuperação de cópia de segurança.

O resultado positivo da Atividade Rural será tributado na Declaração de Ajuste Anual do Imposto sobre a Renda da Pessoa Física.

4.2.1. O que deve ser escriturado

Serão escriturados os rendimentos recebidos individualmente, em parceria rural ou em condomínio, relativamente à exploração das seguintes atividades:

a) criação, recriação ou engorda de animais de médio e grande porte;
b) cultura do solo, seja qual for a natureza do produto cultivado;
c) apicultura, avicultura, cunicultura, piscicultura, sericicultura, suinocultura ou quaisquer outras culturas de pequenos animais, inclusive a captura e *venda in natura* de pescado;
d) extração e exploração vegetal e animal;
e) transformação de produtos agrícolas ou pecuários, sem que sejam alteradas a composição e as características do produto *in natura* (exemplo: transformação de grãos em farinha ou farelo; pasteurização e acondicionamento do leite de produção própria, transformação do leite em queijo, manteiga ou requeijão; produção de suco de frutas

acondicionado em embalagem de apresentação; transformação de frutas em doces etc.), quando feita pelo próprio agricultor ou criador e seus familiares e empregados, dentro do imóvel rural, com equipamentos e utensílios usualmente empregados nas atividades agropastoris, desde que utilizada, exclusivamente, matéria-prima produzida na propriedade rural explorada;

f) cultivo de florestas.

O contribuinte poderá considerar, como receita da atividade rural, somente a venda de produtos e subprodutos dela decorrentes. Não serão consideradas como receitas da atividade rural as provenientes do aluguel ou arrendamento de imóvel rural, pastos ou máquinas e instrumentos agrícolas, e da prestação de serviços de transporte de produtos de terceiros, as quais deverão ser incluídas com os demais rendimentos tributáveis na Declaração de Ajuste Anual do Imposto sobre a Renda da Pessoa Física.

Não se caracteriza como atividade rural a compra de rebanho bovino e sua posterior venda com permanência em poder do contribuinte por prazo inferior a 52 dias, quando em regime de confinamento, ou 138 dias, nos demais casos.

Ainda que esteja dispensado da escrituração do Livro Caixa, o contribuinte deve, quando solicitado pela autoridade fiscal, comprovar a veracidade das receitas e das despesas mediante documentação hábil e idônea que identifique o adquirente ou o beneficiário, o valor e a data da operação.

Se a transformação dos produtos não for feita nas condições referidas na letra "e", os rendimentos auferidos na venda serão tributados como ganho de capital; se esta atividade não for exercida com habitualidade, ou, se houver habitualidade e fim especulativo de lucro, a pessoa física será considerada empresário (empresa individual) equiparada à pessoa jurídica, sendo os rendimentos descaracterizados como atividade rural e tributados na pessoa jurídica.

4.2.2. Lucro presumido

A forma de escrituração das operações é de livre escolha da pessoa jurídica rural, desde que mantenha registros permanentes com obediência aos preceitos da legislação comercial e fiscal, e aos princípios de contabilidade geralmente aceitos, devendo observar métodos ou critérios contábeis uniformes no tempo e registrar as mutações patrimoniais segundo o regime de competência.

Se a opção for pela apuração do lucro real, será obrigatória a manutenção do Lalur para fins da apuração do lucro real; no entanto, se a opção for com base no lucro presumido, deverá manter escrituração contábil nos termos da legislação comercial.

Atente-se que, para efeitos fiscais, é dispensável a escrituração quando a pessoa jurídica mantiver Livro Caixa, devidamente escriturado, contendo toda a movimentação financeira, inclusive bancária.

4.3. PROGRAMA LIVRO CAIXA DE ATIVIDADE RURAL

O programa Livro Caixa pode ser utilizado para escrituração de Livro Caixa de Atividade Rural no Brasil e no exterior. A escrituração de receitas e despesas de imóvel rural situado no exterior deverá ser informada mês a mês pelo contribuinte, na moeda do país onde o imóvel estiver localizado, com base em cada documento válido segundo a legislação deste país. No caso de imóveis rurais situados em países distintos, o contribuinte deverá fazer uma escrituração para cada país.

O resultado positivo da atividade rural exercida no exterior, por residente ou domiciliado no Brasil, não poderá ser compensado com o resultado negativo (prejuízo) obtido no Brasil. Também não poderá ser compensado o resultado negativo (prejuízo) obtido no exterior com resultado positivo obtido no Brasil. No entanto, poderão ser compensados os resultados positivos e negativos de atividade rural exercida no exterior quando o contribuinte possuir imóveis rurais situados em diversos países.

São aplicadas para a escrituração as mesmas normas previstas para exploração da atividade rural no Brasil.

Os arrendatários, os condôminos e os parceiros na exploração da atividade rural deverão apurar o resultado nas formas previstas na legislação correspondente, separadamente, na proporção dos rendimentos e despesas que couberem a cada um, observada a comprovação dessas condições mediante escritura ou contrato por escrito. O resultado da atividade rural produzido em bens comuns ao casal, em decorrência do regime de casamento, deverá ser apurado e tributado pelos cônjuges relativamente à sua parte. Opcionalmente, esse resultado poderá ser tributado pelo total na declaração de um dos cônjuges, junto com a totalidade dos demais rendimentos comuns.

O resultado obtido por um dos cônjuges na condição de arrendatário, condômino ou parceiro, quando a unidade rural não pertencer ao casal, deverá ser apurado e tributado integralmente pelo titular dessa atividade, salvo no caso de opção pela declaração em conjunto.

5

PLANO DE CONTAS RURAL

A elaboração de Planos de Contas é uma tarefa tida, muitas vezes, como banal, mas que, não raramente, coloca o contabilista em alguma dificuldade.

O problema básico do Plano de Contas é que ele precisa atender aos vários usuários da informação contábil, deve conter os detalhes mínimos exigidos para efeito da legislação fiscal e atender, principalmente, às necessidades de informação da administração da entidade; tudo dentro da padronização legal para efeito da elaboração do balanço patrimonial, da Demonstração do Resultado do Exercício (DRE) e das demais demonstrações e informações contábeis exigidas, inclusive para publicação, se for o caso.

A compatibilização desses grandes usuários nem sempre é muito simples de se conseguir, mas a sua integração é obrigatória para que se possa extrair o máximo de utilidade da Contabilidade em si.

5.1. COMO INICIAR A ELABORAÇÃO DO PLANO DE CONTAS

A melhor técnica para elaborar um Plano de Contas é exatamente iniciar pelo fim: detectar quais são as necessidades dos usuários em termos de informação contábil. Em nossa opinião, deve-se iniciar pela administração da entidade, que deve ser consultada para se saber o nível de detalhes exigido e as classificações e aglutinações consideradas necessárias.

Dessa forma, recomendamos que se comece a elaboração do Plano de Contas a partir do usuário interno à entidade, mas desde que a informação pedida possa ser atendida dentro dos Princípios Contábeis e da legislação em vigor. A seguir, o profissional verifica o que é necessário para que sejam atendidos os requisitos fiscais e legais.

5.2. A CODIFICAÇÃO

O problema da atribuição de código às contas depende muito do tamanho da empresa e do equipamento utilizado para a contabilização, além dos detalhes necessários para efeito de informação.

Empresas grandes, com muitas divisões internas (100, 200 ou mais centros de gastos), costumam ter 12, 15 ou 18 dígitos para cada conta. Já as empresas pequenas, com a preocupação de gastos apenas por natureza, normalmente, não precisam de mais de 3 ou 4 dígitos para um bom Plano de Contas.

Por isso, falar em codificação, em termos genéricos, é bastante difícil, mas alguns pontos básicos serão comentados.

O primeiro campo objeto de estudo deve ser o relativo ao equipamento a ser utilizado, no que diz respeito à sua capacidade em termos de utilização de dígitos; deve ser visto, também, o uso de dígitos de controle.

Um ponto a ter sempre em vista é o de que não se deve aumentar desnecessariamente o número de dígitos. Cada um a mais costuma ser uma chance maior de erros e incongruências.

O melhor, sempre, é começar com o Plano de Contas propriamente dito e não com a digitação. Depois de ele estar estruturado e se estar de posse dos detalhamentos necessários, fica mais fácil proceder-se à codificação.

O uso ou não do Plano de Centro de Gastos concomitantemente, ou seja, dos dois Planos, também afeta, e muito, o número de dígitos, mas principalmente facilita a adoção dessa técnica. Por exemplo, os 5 primeiros dígitos são os relativos ao Plano de Contas propriamente dito e os 3 seguintes dizem respeito ao Plano de Centro de Gastos. Aquela conta relativa ao FGTS do Departamento de Vendas, vista no tópico anterior, poderia ser assim estruturada em termos de código: 4.2.4.2.1.232, em que 4.2.4.2.1 poderia significar o código de uma despesa de pessoal relativa ao encargo social FGTS e os dígitos finais 232 seriam os relativos ao Departamento de Vendas.

Com isso, no Plano de Contas só existiriam 5 dígitos e no de Centro de Gastos, 3. Todavia, no Razão e na contabilização apareceriam 8 dígitos, graças à união dos dois Planos.

A codificação deve ser feita de acordo com a estrutura do Plano de Contas, nunca por outra ordem, e deve permitir que se identifique (de forma rápida) tratar-se de conta de balanço patrimonial ou de resultado, ativo ou passivo, receita ou despesa, pessoal ou material etc.

Deve-se ter muito cuidado com relação à possibilidade futura de inserção de novas contas. Comumente, se veem casos em que a empresa acaba tendo de usar uma conta denominada "Outras" e nela lançar inúmeros itens de naturezas diversas, porque os dígitos não permitiram mais ampliação. É lógico que isso acontece com maior frequência por falta de um bom planejamento. Quando este existe, o profissional não só já verificou as necessidades atuais de informação como analisou as possíveis necessidades futuras. Por exemplo, numa empresa em rápido crescimento é possível que novos centros de gastos venham a ser criados em futuro próximo e que outros itens de natureza diversa venham a ser acrescentados. Nesse caso, a estrutura deve dar condições de inúmeros acréscimos. Já uma empresa grande, bem estruturada e "amadurecida", dificilmente, cria necessidade de abertura de alguma conta nova.

5.3. AUTORIZAÇÃO PARA ABERTURA DE CONTA NOVA

Algo muito importante a ser centralizado na empresa é a autorização para a abertura de contas novas. Se cada departamento tiver autonomia para abertura de novas contas, em pouco tempo contas iguais em termos de conteúdo serão abertas em locais diferentes com nomes e códigos distintos.

Por isso, é importante que apenas uma pessoa na empresa toda tenha autorização para a abertura de novas contas e promova o registro delas. Normalmente, o contador ou o *controller* é quem detém essa autorização.

Recomenda-se, principalmente nas empresas maiores, que essa autorização seja precedida de um pedido suportado com justificativa.

5.4. O MAIOR E O MELHOR COMPANHEIRO DO PLANO DE CONTAS: O MANUAL DE CONTAS

O cabeçalho espelha exatamente a realidade: nada melhor, após o Plano de Contas estruturado e definido, do que o seu disciplinamento pelo Manual de Contas, conjunto de instruções que detalham as funções e o uso de cada uma das contas do Plano. Para cada conta, sabe-se não só a sua serventia, ou o que deve nela estar contido, como também qual a contrapartida normalmente encontrada com a sua movimentação.

O Manual de Contas costuma trazer também alguns exemplos e detalhes quanto a cuidados especiais, confusões a se evitar etc.

Nesse Manual, costumam, também, ser disciplinadas as várias políticas de contabilização da empresa, tais como critérios de avaliação de estoques, depreciação e amortização, ativação (*versus* tratamento como despesa) etc.

Em resumo, Manual de Contas é o conjunto de comentários que se pode fazer com relação ao Plano de Contas propriamente dito. É o "recheio que suporta o esqueleto".

Por exemplo, com relação à conta do Ativo Imobilizado "Implementos Agrícolas", pode constar:

"1.5.34.6 – Ferramentas – Para registro dos implementos agrícolas com vida útil superior a 12 meses e com valor unitário superior a R$ 1.200,00 (se vida útil ou valor inferior, utilizar a conta de Custo de Produção 4.3.56.8 – Consumo). Depreciação pelo prazo máximo de cinco anos ou menos se vida útil inferior. (No controle de patrimônio, abrir por prazo de depreciação.)

Contrapartida: 2.3.65.7 – Fornecedores de Imobilizado (pagamentos à vista também deverão transitar por essa conta do Passivo)".

Com isso, vê-se que a conta no Plano não está só colocada, mas também definida a política de sua utilização, em termos, inclusive, de valor a ativar; também se define sua depreciação e sua contrapartida. Dúvidas são também esclarecidas para o caso de ferramentas que não devam ser ativadas e como usar a contrapartida no caso de compra à vista. São detalhes que produzem uma uniformização de contabilização extremamente desejável.

5.5. O ATENDIMENTO AOS DEMAIS USUÁRIOS: PUBLICAÇÃO, FISCO ETC.

Dissemos, no início, que o profissional de Contabilidade precisa conhecer as exigências de todos os usuários para poder, depois, estruturar seu Plano de Contas. Enfatizamos um dos usuários, que é a própria administração da empresa, mas não nos esqueçamos dos demais.

Para efeito de publicação, os requisitos exigidos são sempre menores do que os exigidos para outras finalidades; os detalhes são menores e a quantidade de informações requerida também é menor. Por isso, normalmente, não há complicação quanto a esse campo.

Aliás, em termos de classificação, como a Lei nº 6.404/1976 possui padronização seguida de perto pela legislação fiscal e bastante útil para finalidades gerenciais, o Plano de Contas acaba quase sempre sendo estruturado dentro de suas diretrizes básicas. Por exemplo, o Plano já vem dividindo o Ativo em Circulante e Não Circulante, que, por sua vez, divide-se em Realizável a Longo Prazo, Investimentos, Imobilizado e Intangível e, assim por diante, com o Passivo e com os componentes do Resultado (Lei nº 6.404/1976, art. 178).

Com relação ao Fisco, mais exigente em detalhes, é preciso que o profissional esteja atento às suas exigências. Os detalhes mínimos requeridos precisam ser atendidos. No caso de uma indústria, o Plano de Contas deve atender aos requisitos em termos de integração e coordenação entre Custos e Contabilidade Geral.

O que não julgamos conveniente nem recomendável é o contabilista preocupar-se, ao montar o Plano, em atender às suas necessidades, tão somente, em termos de elaboração da declaração do Imposto de Renda. Se assim o fizer, acaba preocupando-se em classificar as despesas entre dedutíveis e indedutíveis, em vez de se guiar pelas necessidades gerenciais, por exemplo. Se fizer uso de um bom Plano e de um bom Manual de Contas saberá sempre quais serão as contas a serem ajustadas na hora da passagem do lucro contábil para o lucro real (lucro fiscal).

5.6. OUTROS ERROS QUE PRECISAM SER EVITADOS

Além da preocupação com a elaboração da declaração do Imposto de Renda comentada no tópico anterior, julgamos importante alertar sobre outros erros que devem ser evitados na elaboração de um Plano de Contas.

Nunca se deve, num Plano de Contas, classificar as contas em função de seu saldo devedor ou credor.

Comumente, se veem Planos de Contas em que as contas do Ativo apresentam-se com as de despesas pela sua semelhança em saldos devedores. Ora, são coisas totalmente distintas e não devem nunca estar juntas. Despesas são contas do Patrimônio Líquido e nunca do Ativo. Esse erro acaba por levar a balancetes ininteligíveis por terceiros, que não o próprio Contabilista.

Assim, é de se esperar que o agrupamento mínimo do Plano seja feito em contas de:

ATIVO

PASSIVO (incluindo Patrimônio Líquido)

RECEITAS

DESPESAS

Julgamos, também, interessante não se deslocar as contas de retificação para grupos à parte pela dificuldade, inclusive, de visualização. Não se trata aqui de erro, mas de uma técnica que normalmente não ajuda e em geral atrapalha. Assim, dentro das próprias contas do Ativo devem estar discriminadas suas retificações, do tipo Provisão para Créditos de Liquidação Duvidosa, Depreciação Acumulada, Duplicatas Descontadas etc. Dentro do Passivo devem também estar suas retificações, como Despesas Financeiras a Apropriar, Despesas de Exercícios Futuros, Prejuízos Acumulados etc. O mesmo acontece com as retificações de receitas e de despesas: Devoluções de Vendas, Despesas Recuperadas etc.

Dois outros itens precisam ser levantados: um Plano de Contas nunca pode ser excessivamente sintético a ponto de não propiciar informações à gerência da empresa, mas também não pode ser excessivamente detalhado. Excesso de informações é tão ruim quanto a falta delas. Detalhes em excesso mais confundem do que ajudam.

O fato de um dia alguém ter pedido certa informação não deve fazer com que a partir daí ela vire rotineira e seja definitivamente incluída no Plano de Contas. Um detalhe solicitado apenas uma vez ou outra fica muito mais fácil e mais barato de ser atendido mediante verificação especial; tornar esse detalhe rotineiro acaba, às vezes, encarecendo e, o que é pior, aumentando tanto o tamanho dos relatórios e a quantidade de valores, rubricas, nomes e cifras que mais atrapalha do que ajuda.

Outra coisa é o espírito sempre crítico que precisa haver por parte do profissional de Contabilidade: estar constantemente procurando saber de detalhes que não são importantes e que precisam ser eliminados ou de informações úteis que precisam ser inseridas.

O contabilista deve sempre ver o Plano de Contas como um instrumento básico de sua comunicação com terceiros, desde a administração da empresa até o Fisco, o fornecedor de crédito, o investidor no mercado de capitais etc. Quanto mais atualizado e capaz de atender a esse requisito de servir como meio de comunicação, mais valor terão a Contabilidade e o próprio profissional.

5.7. MODELO DE PLANO DE CONTAS RURAL

Para a confecção do modelo de plano de contas rural, foi realizada pesquisa junto à obra de José Carlos Marion, *Contabilidade Rural*, 12ª ed., Editora Atlas, e ao IOB *Online*, Editora IOB.

CODIFICAÇÃO	DESCRIÇÃO DAS CONTAS
1.	Ativo
1.1	Ativo Circulante
1.1.1	Disponível
1.1.1.01	Caixa
1.1.1.01.001	Caixa Geral
1.1.1.01.002	Fundo Fixo de Caixa
1.1.1.01.003	......
1.1.1.02	Bancos Conta Movimento
1.1.1.02 001	.....
1.1.1.03	Aplicações Financeiras de Liquidez Imediata
1.1.1.03.001	....
1.1.2	Clientes
1.1.2.01	Duplicatas a Receber
1.1.2.01.001	.....
1.1.2.02 (-)	Duplicatas Descontadas
1.1.2.02.001 (-)	....

CODIFICAÇÃO	DESCRIÇÃO DAS CONTAS
1.1.2.03 (-)	Créditos Vencidos e Não Liquidados
1.1.2.03.001 (-)	....
1.1.3	**Outros Créditos**
1.1.3.01	Bancos Conta Vinculada
1.1.3.01.001	....
1.1.3.02	Títulos a Receber
1.1.3.02.001	....
1.1.3.03	Cheques em Cobrança
1.1.3.03.001	....
1.1.3.04	Dividendos a Receber
1.1.3.04.001	....
1.1.3.05	Importações em Andamento
1.1.3.05.001	....
1.1.3.06	Adiantamentos a Fornecedores
1.1.3.06.001	....
1.1.3.07	Adiantamentos a Empregados
1.1.3.07.001	Salários
1.1.3.07.002	13º Salário
1.1.3.07.003	....
1.1.3.08	Empréstimos a Empregados
1.1.3.08.001	....
1.1.3.09	Tributos a Recuperar/Compensar
1.1.3.09.001	IPI a Recuperar
1.1.3.09.002	ICMS a Recuperar
1.1.3.09.003	PIS-Pasep a Recuperar
1.1.3.09.004	Cofins a Recuperar
1.1.3.09.005	Imposto de Renda Retido na Fonte

5 – Plano de Contas Rural

CODIFICAÇÃO	DESCRIÇÃO DAS CONTAS
1.1.3.09.006	Imposto de Renda Pago por Estimativa
1.1.3.09.007	Contribuição Social sobre o Lucro Líquido Paga por Estimativa
1.1.3.09.008	Tributos Pagos a Maior ou Indevidamente
1.1.3.09.009	....
1.1.4	**Aplicações Financeiras**
1.1.4.01	Aplicações Financeiras com Rendimentos Pós-fixados
1.1.4.01.001	....
1.1.4.02	Aplicações Financeiras com Rendimentos Pré-fixados
1.1.4.02.001	....
1.1.4.03	Ações
1.1.4.03.001	....
1.1.4.04	Debêntures
1.1.4.04.001	Valor Nominal
1.1.4.04.002 (-)	Deságio a Apropriar
1.1.4.04.003	....
1.1.5 Estoques	**Estoques**
1.1.5.01	Ativo Biológico
1.1.5.01.01	Rebanho de Bovinos em Formação Bovinos
1.1.5.01.01.001	Bezerros de 0 a 8 meses
1.1.5.01.01.002	Novilhos de 9 a 18 meses
1.1.5.01.01.003	Novilhos de 19 a 36 meses
1.1.5.01.02	Rebanho de Bovinos para Corte
1.1.5.01.02.001	Gado de Engorda
1.1.5.01.02.002	Matrizes Descartadas
1.1.5.01.02.003	Touros Descartados
1.1.5.01.03	Rebanho de Bovinos em Transito
1.1.5.01.03.001	Reses em Pasto de Terceiros

CODIFICAÇÃO	DESCRIÇÃO DAS CONTAS
1.1.5.01.03.002	Reses Confinadas
1.1.5.01.04	Outros Rebanhos e Animais
1.1.5.01.04.001	Equinos
1.1.5.01.04.002	Caprinos
1.1.5.01.04.003	Ovinos
1.1.5.01.04.004	Aves
1.1.5.02	Ativo Biológico
1.1.5.02.01	Formação de Cultura Temporária
1.1.5.02.01.001	Soja
1.1.5.02.01.002	Feijão
1.1.5.02.01.003	....
1.1.5.03	Produtos Colhidos da Cultura Temporária
1.1.5.03.001	Soja
1.1.5.03.002	Feijão
1.1.5.03.003	....
1.1.5.04	Produtos em Andamento da Cultura Permanente
1.1.5.04.001	Café
1.1.5.04.002	Laranja
1.1.5.04.003	....
1.1.5.05	Produtos Colhidos da Cultura Permanente
1.1.5.05.001	Café
1.1.5.05.002	Laranja
1.1.5.05.003	....
1.15.06	Custo de Produção Pecuária e Outros Animais
1.15.06.001	Ração
1.15.06.002	Medicamentos
1.15.06.003	....

5 – Plano de Contas Rural

CODIFICAÇÃO	DESCRIÇÃO DAS CONTAS
1.15.07	Custo de Produção Agrícola
1.15.07.001	Adubos e Fertilizantes
1.15.07.002	Sementes
1.15.07.003	....
1.15.08	Almoxarifado (Material de Consumo)
1.15.08.001	Material de Limpeza
1.15.08.002	Elétrica e Hidráulica
1.15.08.003	....
1.15.09	Produção Própria
1.15.09.001	Madeira
1.15.09.002	....
1.1.5.10 (-)	Provisão para Ajuste do Estoque ao Valor de Mercado
1.1.5.10.001 (-)	....
1.1.6	**Despesas Pagas Antecipadamente**
1.1.6.01	Despesas de Meses Seguintes
1.1.6.01.001	Prêmios de Seguros a Apropriar
1.1.6.01.002	Assinaturas e Anuidades
1.1.6.01.003	....
1.1.6.02	Despesas do Exercício Seguinte
1.1.6.02.001	Prêmios de Seguros a Apropriar
1.1.6.02.002	Assinaturas e Anuidades
1.1.6.02.003	....
1.2	**Ativo Não Circulante**
1.2.1	**Ativo Realizável a Longo Prazo**
1.2.1.01	Duplicatas a Receber
1.2.1.01.001	....
1.2.1.02 (-)	**Duplicatas Descontadas**

CODIFICAÇÃO	DESCRIÇÃO DAS CONTAS
1.2.1.02.001 (-)	....
1.2.1.03 (-)	**Créditos Vencidos e Não Liquidados**
1.2.1.03.001 (-)	....
1.2.1.04	**Títulos a Receber**
1.2.1.04.001	....
1.2.1.05	**Banco Conta Vinculada**
1.2.1.05.001	....
1.2.1.06	**Controladora, Controladas e Coligadas**
1.2.1.06.001	....
1.2.1.07	**Sócios, Administradores e Pessoas Ligadas**
1.2.1.07.001	....
1.2.1.08	**Aplicações Financeiras**
1.2.1.08.001	....
1.2.1.09	**Depósitos Judiciais**
1.2.1.09.001	....
1.2.1.10.004 (-)	Provisão para Perdas
1.2.1.10.005	....
1.2.1.11	Tributos a Recuperar
1.2.1.11.001	....
1.2.1.12	Despesas Pagas Antecipadamente
1.2.1.12.001	....
1.2.1.13	Depósitos por Incentivos Fiscais
1.2.1.13.001	Finor
1.2.1.13.002	Finam
1.2.1.13.003	....
1.2.2	**Investimentos**
1.2.2.01	**Controladas e Coligadas – Equivalência Patrimonial**

5 – Plano de Contas Rural

CODIFICAÇÃO	DESCRIÇÃO DAS CONTAS
1.2.2.01.001	Controlada "A" – Valor Patrimonial
1.2.2.01.002	Controlada "A" – Ágio na Aquisição
1.2.2.01.003 (-)	Controlada "A" – Amortização Acumulada do Ágio
1.2.2.01.004 (-)	Controlada "A" – Deságio na Aquisição
1.2.2.01.005	Controlada "A" – Amortização Acumulada do Deságio
1.2.2.01.006	....
1.2.2.02	**Controladas e Coligadas – Custo Corrigido**
1.2.2.02.001	....
1.2.2.03	**Outras Participações Societárias**
1.2.2.03.001	....
1.2.2.04	**Participações por Incentivos Fiscais**
1.2.2.04.001	Finor
1.2.2.04.002	Finam
1.2.2.04.003	....
1.2.2.05	**Imóveis Não Destinados ao Uso**
1.2.2.05.001	....
1.2.2.06	**Outros Investimentos Permanentes**
1.2.2.06.001	Objetos de Arte
1.2.2.06.002	Cauções Permanentes
1.2.2.06.003	....
1.2.2.07 (-)	Provisão para Perdas Permanentes
1.2.2.07.001 (-)	Controladas e Coligadas – Equivalência Patrimonial
1.2.2.07.002 (-)	Controladas e Coligadas – Custo Corrigido
1.2.2.07.003 (-)	Outras Participações Societárias
1.2.2.07.004 (-)	Participações por Incentivos Fiscais
1.2.2.07.005 (-)	Imóveis Não Destinados ao Uso
1.2.2.07.006 (-)	Outros Investimentos Permanentes

CODIFICAÇÃO	DESCRIÇÃO DAS CONTAS
1.2.2.07.007 (-)	....
1.2.3	**Imobilizado**
1.2.3.01	**Ativo Biológico**
1.2.3.01.001	**Terras**
1.2.3.01.002	Fazenda "X"
1.2.3.01.003	Reserva Florestal
1.2.3.01.004	...
1.2.3.01.02	**Pastagens**
1.2.3.01.02.001	Natural
1.2.3.01.02.002	Artificial
1.2.3.01.03	**Infraestrutura**
1.2.3.01.03.001	Estradas
1.2.3.01.03.002	Pontes
1.2.3.01.03.003	Açudes
1.2.3.01.03.004	Cercas
1.2.3.01.03.005	....
1.2.3.01.04	**Comunicação**
1.2.3.01.04.001	Antenas
1.2.3.01.04.002	Rádios
1.2.3.01.04.003	....
1.2.3.01.05	**Rede de Esgoto**
1.2.3.01.05.001	Fossas
1.2.3.01.05.002	Estação de Tratamentos
1.2.3.01.05.003	....
1.2.3.01.06	**Rede de Água**
1.2.3.01.06.001	Caixa d'água
1.2.3.01.06.002	Bombas

5 – Plano de Contas Rural

CODIFICAÇÃO	DESCRIÇÃO DAS CONTAS
1.2.3.01.06.003	Encanamentos
1.2.3.01.06.004	....
1.2.3.01.07	**Instalações Elétricas**
1.2.3.01.07.001	Para raios
1.2.3.01.07.002	Postes
1.2.3.01.07.003	Cabos e Fios
1.2.3.01.07.004	....
1.2.3.01.08	**Instalações**
1.2.3.01.08.001	Currais
1.2.3.01.08.002	Porteiras
1.2.3.01.08.003	Galpões
1.2.3.01.08.004	Cochos
1.2.3.01.08.005	....
1.2.3.01.09	**Edificações residenciais**
1.2.3.01.09.001	Casas de Madeira
1.2.3.01.09.002	Casas para Administrador
1.2.3.01.09.003	Casas de Alvenaria
1.2.3.01.09.004	Alojamentos
1.2.3.01.09.005	....
1.2.3.02	**Edificações Sociais**
1.2.3.02.001	Escola
1.2.3.02.002	Igreja
1.2.3.02.003	....
1.2.3.03	**Veículos**
1.2.3.03.001	Caminhões
1.2.3.03.002	Jipe
1.2.3.03.003	Motos

CODIFICAÇÃO	DESCRIÇÃO DAS CONTAS
1.2.3.03.004	Barcos
1.2.3.03.005	Aviões
1.2.3.03.006	Tratores
1.2.3.03.007	....
1.2.3.04	**Máquinas, Equipamentos e Ferramentas**
1.2.3.04.001	Máquinas e Motores
1.2.3.04.002	Geradores
1.2.3.04.003	Máquina de Beneficiamento
1.2.3.04.004	Arados
1.2.3.04.005	Implementos Agrícolas
1.2.3.04.006	Arreios
1.2.3.04.007	....
1.2.3.05	**Móveis e Utensílios**
1.2.3.05.001	Móveis da Fazenda
1.2.3.05.002	Móveis do Escritório
1.2.3.05.003	Calculadoras
1.2.3.05.004	....
1.2.3.06	**Rebanho Permanente**
1.2.3.06.001	Reprodutores
1.2.3.06.002	Matrizes
1.2.3.07	**Animais de Trabalhos**
1.2.3.07.001	Equinos
1.2.3.07.002	Bovinos
1.2.3.07.003	....
1.2.3.08	**Outros animais**
1.2.3.08.001	Ovinos
1.2.3.08.002	Caprinos

5 – Plano de Contas Rural

CODIFICAÇÃO	DESCRIÇÃO DAS CONTAS
1.2.3.08.003	Suínos
1.2.3.08.004	....
1.2.3.09	**Culturas Permanentes**
1.2.3.10.001	Café
1.2.3.10.002	Laranja
1.2.3.10.003	....
1.2.3.11	**Recursos Naturais**
1.2.3.11.001	Minas e Jazidas
1.2.3.11.002	Topográfica
1.2.3.11.003	....
1.2.3.12	**Benfeitorias em Propriedade de Terceiros**
1.2.3.12.001	....
1.2.3.13	**Imobilizado em Andamento**
1.2.3.13.001	....
1.2.3.14 (-)	**Depreciações, Amortizações e Exaustões Acumuladas**
1.2.3.14.001 (-)	Depreciações de Edificações
1.2.3.14.002 (-)	Depreciações de Móveis e Utensílios
1.2.3.14.003 (-)	Depreciações de Máquinas, Equipamentos e Ferramentas
1.2.3.14.004 (-)	Depreciações de Veículos
1.2.3.14.005 (-)	Exaustões e Depreciações de Recursos Naturais
1.2.3.14.006 (-)	Amortizações e Depreciações de Benfeitorias em Propriedade de Terceiros
1.2.3.14.007 (-)	....
1.2.3.15	**Pastagens em Formação**
1.2.3.15.001	....
1.2.3.16	**Florestamento e Reflorestamento em Formação**

CODIFICAÇÃO	DESCRIÇÃO DAS CONTAS
1.2.3.16.001	....
1.2.3.17	Culturas em Formação
1.2.3.17.001	....
1.2.4	Intangível
1.2.4.01	Marcas, Direitos e Patentes
1.2.4.01.001	....
1.2.4.02	Fundo de Comércio
1.2.4.02.001	....
1.2.4.03 (-)	Amortizações Acumuladas
1.2.4.03.001 (-)	(-) Amortizações de Marcas, Direitos e Patentes
1.2.4.03.002	....
2	Passivo
2.1	Passivo Circulante
2.1.1	Empréstimos e Financiamentos
2.1.1.01	Empréstimos Nacionais
2.1.1.01.001	....
2.1.1.02	Empréstimos Estrangeiros
2.1.1.02.001	....
2.1.1.03	Financiamentos Nacionais
2.1.1.03.001	....
2.1.1.04	Financiamentos Estrangeiros
2.1.1.04.001	....
2.1.1.05	Títulos a Pagar
2.1.1.05.001	....
2.1.1.06	Adiantamentos sobre Contratos de Câmbio
2.1.1.06.001	....
2.1.1.07	Controladora, Controladas e Coligadas

5 – Plano de Contas Rural

CODIFICAÇÃO	DESCRIÇÃO DAS CONTAS
2.1.1.07.001	....
2.1.2	Debêntures
2.1.2.01	Debêntures Conversíveis em Ações
2.1.2.01.001	....
2.1.2.02	Debêntures Não Conversíveis
2.1.2.02.001	....
2.1.2.03 (-)	Deságios a Apropriar
2.1.2.03.001 (-)	....
2.1.3	Fornecedores
2.1.3.01	Fornecedores Nacionais
2.1.3.01.001	....
2.1.3.02	Fornecedores Estrangeiros
2.1.3.02.001	....
2.1.4	Obrigações Tributárias
2.1.4.01	Impostos e Contribuições a Recolher
2.1.4.01.001	IPI a Recolher
2.1.4.01.002	ICMS a Recolher
2.1.4.01.003	ISS a Recolher
2.1.4.01.004	Provisão para Imposto de Renda
2.1.4.01.005	Provisão para Contribuição Social sobre o Lucro Líquido
2.1.4.01.006	Imposto de Renda por Estimativa a Recolher
2.1.4.01.007	Contribuição Social sobre o Lucro Líquido por Estimativa a Recolher
2.1.4.01.008	Imposto de Renda Retido na Fonte
2.1.4.01.009	PIS-Pasep a Recolher
2.1.4.01.010	Cofins a Recolher
2.1.4.01.011	Imposto Territorial Rural a Recolher
2.14.01.012	....
2.1.5	Obrigações Trabalhistas e Previdenciárias

CODIFICAÇÃO	DESCRIÇÃO DAS CONTAS
2.1.5.01	**Obrigações com o Pessoal**
2.1.5.01.001	Salários e Ordenados a Pagar
2.1.5.01.002	Pró-Labore a Pagar
2.1.5.01.003	Gratificações a Pagar
2.1.5.01.004	...
2.1.5.02	**Obrigações Previdenciárias**
2.1.5.02.001	INSS a Recolher
2.1.5.02.002	FGTS a Recolher
2.1.5.02.003	....
2.1.5.03	**Provisões**
2.1.5.03.001	Provisão para Férias
2.1.5.03.002	Provisão para 13º Salário
2.1.5.03.003	INSS sobre Provisão para Férias
2.1.5.03.004	FGTS sobre Provisão para 13º Salário
2.1.5.03.005	....
2.1.6	**Outras Obrigações**
2.1.6.01	**Adiantamentos de Clientes**
2.1.6.01.001	....
2.1.6.02	**Contas a Pagar**
2.1.6.02.001	Aluguéis
2.1.6.02.002	....
2.1.6.03	**Energia Elétrica, Água e Telefone a Pagar**
2.1.6.03.001	Consumo de Luz
2.1.6.03.002	Consumo de Água
2.1.6.03.003	Consumo de Telefone
2.1.6.04	**Contas Correntes**
2.1.6.04.001	....
2.1.6.05	**Seguros**

CODIFICAÇÃO	DESCRIÇÃO DAS CONTAS
2.1.6.05.001	...
2.1.6.06	**Outras Obrigações**
2.1.6.06.001	Honorários a Pagar
2.1.6.06.002	....
2.1.7	**Dividendos, Participações e Juros sobre o Capital Próprio**
2.1.7.01	**Dividendos**
2.1.7.01.001	Dividendos Propostos
2.1.7.01.002	Dividendos a Pagar
2.1.7.01.003	....
2.1.7.02	**Participações**
2.1.7.02.001	Participações Propostas a Administradores
2.1.7.02.002	Participações Propostas a Empregados
2.1.7.02.003	Participações a Pagar
2.1.7.02.004	....
2.1.7.03	**Juros sobre o Capital Próprio**
2.1.7.03.001	Juros sobre o Capital Próprio a Pagar
2.1.7.03.002	....
2.2	**Passivo Não Circulante**
2.2.1	**Empréstimo e Financiamentos**
2.2.1.01	**Empréstimos Nacionais**
2.2.1.01.001	Rural
2.2.1.01.002	....
2.2.1.02	**Empréstimos Estrangeiros**
2.2.1.02.001	....
2.2.1.03	**Financiamentos Nacionais**
2.2.1.03.001	...
2.2.1.04	**Financiamentos Estrangeiros**

CODIFICAÇÃO	DESCRIÇÃO DAS CONTAS
2.2.1.04.001	....
2.2.1.05	**Títulos a Pagar**
2.2.1.05.001	...
2.2.1.06	**Outras Obrigações**
2.2.1.06.001	Provisão para Imposto de Renda Diferido
2.2.1.06.002	....
2.2.1.07	**Receita Diferida Líquida**
2.2.2.07.001	....
2.3	**Patrimônio Líquido**
2.3.1	**Capital Social**
2.3.1.01	**Capital Subscrito**
2.3.1.01.001	Capital Social
2.3.1.01.002	....
2.3.1.02 (-)	**Capital a Integralizar**
2.3.1.02.001 (-)	....
2.3.2	**Reservas**
2.3.2.01	**Reservas de Capital**
2.3.2.01.001	....
2.3.2.01.002	Ágio na Emissão de Ações
2.3.2.01.003	Alienação de Bônus de Subscrição
2.3.2.01.004	Alienação de Partes Beneficiárias
2.3.2.01.005 (-)	Ações em Tesouraria
2.3.2.01.006	....
2.3.2.02	**Ajustes de Avaliação Patrimonial**
2.3.2.02.001	Ajustes de Elementos do Ativo
2.3.2.02.002 (-)	Ajustes de Elementos do Passivo
2.3.2.03	**Reservas de Lucros**

CODIFICAÇÃO	DESCRIÇÃO DAS CONTAS
2.3.2.03.001	Reserva Legal
2.3.2.03.002	Reserva Estatutária
2.3.2.03.003	Reserva para Contingências
2.3.2.03.004	Reserva de Lucros a Realizar
2.3.2.03.005	Reserva Especial
2.3.2.03.006	Reservas de Incentivos Fiscais
2.3.2.03.007 (-)	Ações em Tesouraria
2.3.2.03.008	....
2.3.3	**Lucros ou Prejuízos Acumulados**
2.3.3.01	Lucros ou Prejuízos Acumulados
2.3.3.01.001	Lucros Acumulados
2.3.3.01.002 (-)	Prejuízos Acumulados
2.3.3.01.003	Resultado do Exercício em Curso
2.3.3.01.004	....
3	**Contas de Resultado – Custos e Despesas**
3.1	**Custos dos Produtos Vendidos**
3.1.01	**Custo dos Produtos Pecuários**
3.1.01.001	Bovino
3.1.01.002	Suíno
3.1.01.003	....
3.1.02	**Custos dos Produtos Pecuários Produzidos**
3.1.02.001	Leite
3.1.02.002	Ovos
3.1.02.003	....
3.1.03	**Custo dos Produtos Agrícolas em Cultura Temporária**
3.1.03.001	Arroz
3.1.03.002	Milho

CODIFICAÇÃO	DESCRIÇÃO DAS CONTAS
3.1.03.003	....
3.1.04	**Custo dos Produtos Agrícolas em Cultura Permanente**
3.1.04.001	Café
3.1.04.002	Laranja
3.1.04.003	....
3.1.05	**Outros Produtos Agropecuários**
3.1.05.001	Outros animais
3.1.05.002	Madeiras
3.1.05.003	....
3.1.06	**Outros Custos**
3.1.06.001	Aluguéis de Pastos
3.1.06.002	....
3.1.07	**Custos Diretos de Produção na Pecuária**
3.1.07.001	Rações
3.1.07.002	Sal
3.1.07.003	Vacinas
3.1.07.004	....
3.1.08	**Custos Diretos de Produção na Agricultura**
3.1.08.001	Adubos
3.1.08.002	Mudas
3.1.08.003	Sementes
3.1.08.004	....
3.1.08	**Outros custos na Agropecuária**
3.1.08.001	....
3.1.09	**Mão de Obra Direta na Pecuária**
3.1.9.01	**Mão de Obra Direta**
3.1.9.01.001	Salários e Ordenados

CODIFICAÇÃO	DESCRIÇÃO DAS CONTAS
3.1.9.01.002	Pró-Labore
3.1.9.01.003	Prêmios e Gratificações
3.1.9.01.004	13º Salário
3.1.9.01.005	Férias
3.1.9.01.006	INSS
3.1.9.01.007	FGTS
3.1.9.01.008	Indenizações e Aviso Prévio
3.1.9.01.009	Assistência Médica e Social
3.1.9.01.010	....
3.1.10	**Mão de Obra Direta na Agricultura**
3.1.10.01	**Mão de Obra Direta**
3.1.10.01.001	Salários e Ordenados
3.1.10.01.002	Pró-Labore
3.1.10.01.003	Prêmios e Gratificações
3.1.10.01.004	13º Salário
3.1.10.01.005	Férias
3.1.10.01.006	INSS
3.1.10.01.007	FGTS
3.1.10.01.008	Indenizações e Aviso Prévio
3.1.10.01.009	Assistência Médica e Social
3.1.11	**Outros Produtos Agropecuários**
3.1.11.01.001	Salários e Ordenados
3.1.11.01.002	Pró-Labore
3.1.11.01.003	Prêmios e Gratificações
3.1.11.01.004	13º Salário
3.1.11.01.005	Férias
3.1.11.01.006	INSS

CODIFICAÇÃO	DESCRIÇÃO DAS CONTAS
3.1.11.01.007	FGTS
3.1.11.01.008	Indenizações e Aviso Prévio
3.1.11.01.009	Assistência Médica e Social
3.1.12	**Custos Indiretos**
3.1.12.01	**Mão de Obra Indireta**
3.1.2.01.001	Salários
3.1.2.01.002	....
3.1.13	**Materiais de Consumo**
3.1.13.01	**Materiais de Limpeza**
3.1.13.01.001	....
3.1.13.03	**Materiais de Manutenção e Reparo**
3.1.13.03.001	Ferramentas
3.1.13.03.002	....
3.1.14	**Despesa com Veículos e Tratores**
3.1.14.01	**Veículos**
3.1.14.01.001	Combustíveis e Lubrificantes
3.1.14.01.002	....
3.1.14.02	**Tratores**
3.1.14.01.001	Peças
3.1.14.01.002	....
3.2	**Despesas Operacionais**
3.2.1	**Despesas com Vendas**
3.2.1.01	Despesas com Pessoal
3.2.1.01.001	Salários e Ordenados
3.2.1.01.002	Pró-Labore
3.2.1.01.010	...
3.2.1.02	**Comissões sobre Vendas**

5 – Plano de Contas Rural

CODIFICAÇÃO	DESCRIÇÃO DAS CONTAS
3.2.1.02.001	Comissões
3.2.1.02.002	....
3.2.1.03	**Propaganda e Publicidade**
3.2.1.03.001	Propaganda e Publicidade
3.2.1.04	**Despesas com Entrega**
3.2.1.04.001	Fretes e Carretos
3.2.1.05	**Despesas com Viagens e Representações**
3.2.1.05.001	Viagens Terrestres
3.2.1.05.002	Viagens Aéreas
3.2.1.05.003	Hospedagem
3.2.1.05.004	Refeições
3.2.1.05.005	....
3.2.1.06	**Despesas Gerais**
3.2.1.06.001	Aluguéis
3.2.1.06.003	Telefone
3.2.1.06.004	Despesas Postais e Telegráficas
3.2.1.06.005	Depreciações e Amortizações
3.2.1.06.006	Serviços Prestados por Terceiros
3.2.1.06.007	Seguros
3.2.1.06.008	...
3.2.1.07	**Perdas no Recebimento de Créditos**
3.2.1.07.001	Créditos Vencidos e Não Liquidados
3.2.1.07.002	....
3.2.2	**Despesas Administrativas**
3.2.2.01	Despesas com Pessoal
3.2.2.01.001	Salários e Ordenados
3.2.2.01.002	Pró-Labore

CODIFICAÇÃO	DESCRIÇÃO DAS CONTAS
3.2.2.01.010	....
3.2.2.02	**Aluguéis e Arrendamentos**
3.2.2.02.001	Aluguéis de Imóveis
3.2.2.02.002	Aluguéis de Máquinas e Equipamentos
3.2.2.02.003	Arrendamento de Imóveis
3.2.2.02.004	Arrendamento Mercantil (Leasing)
3.2.2.02.005	....
3.2.2.03	**Despesas Tributárias**
3.2.2.03.001	PIS-Pasep
3.2.2.03.002	Cofins
3.2.2.03.003	IPTU
3.2.2.03.004	IPVA
3.2.2.03.005	Taxas Diversas
3.2.2.03.006	....
3.2.2.04	**Despesas Gerais**
3.2.2.04.001	Energia Elétrica
3.2.2.04.002	Água e Esgoto
3.2.2.04.003	Telefone
3.2.2.04.004	Despesas Postais e Telegráficas
3.2.2.04.005	Seguros
3.2.2.04.008	Assistência Contábil
3.2.2.04.009	Serviços Prestados por Terceiros
3.2.2.04.010	Depreciações e Amortizações
3.2.2.04.012	Despesas Legais e Judiciais
3.2.2.04.013	Livros, Jornais e Revistas
3.2.2.04.014	....
3.2.2.05	**Despesas Financeiras**

5 – Plano de Contas Rural

CODIFICAÇÃO	DESCRIÇÃO DAS CONTAS
3.2.2.05.001	Juros Passivos
3.2.2.05.002	Variações Monetárias Passivas
3.2.2.05.003	Variações Cambiais Passivas
3.2.2.05.004	Descontos Concedidos
3.2.2.05.005	Juros sobre o Capital Próprio
3.2.2.05.006	....
3.2.2.06	**Outras Despesas Operacionais**
3.2.2.06.001	Provisão para Perdas e Ajustes de Ativos
3.2.2.06.002	Equivalência Patrimonial
3.2.2.06.003	Amortização de Ágio
3.2.2.06.004	....
3.3	**Outras Despesas**
3.3.1	**Outros Resultados Negativos**
3.3.1.01	Resultados Negativos na Alienação de Investimentos
3.3.1.01.001	Perdas na Alienação de Participações em Coligadas
3.3.1.01.002	....
3.3.1.02	**Resultado Negativo na Alienação do Imobilizado**
3.3.1.02.001	Perdas na Alienação de Imóveis
3.3.1.02.002	Perdas na Alienação de Móveis e Utensílios
3.3.1.02.003	Perdas na Alienação de Máquinas, Equipamentos e Ferramentas
3.3.1.02.004	Perdas na Alienação de Veículos
3.3.1.02.005	....
3.3.1.03	**Resultado de Sinistros com Imobilizado**
3.3.1.03.001	Perdas em Sinistros com Imobilizado
3.3.1.03.002	....
3.3.1.04	**Outras Baixas do Ativo Não Circulante**
3.3.1.04.001	Baixas de Investimentos Permanentes
3.3.1.04.002	Baixas de Imobilizado

CODIFICAÇÃO	DESCRIÇÃO DAS CONTAS
3.3.1.04.003	....
3.3.1.05	**Provisões para Perdas Permanentes**
3.3.1.05.001	Controladas e Coligadas – Equivalência Patrimonial
3.3.1.05.002	Controladas e Coligadas – Custo Corrigido
3.3.1.05.003	Outras Participações Societárias
3.3.1.05.004	....
4.	**Contas de Resultado – Receitas**
4.1	**Receitas Operacionais**
4.1.1	**Receita Bruta de Vendas da Pecuária**
4.1.1.01	**Gado**
4.1.1.01.001	Bovino
4.1.1.01.002	Suíno
4.1.1.01.003	Caprino
4.1.1.01.004	....
4.1.1.02	**Produtos da Pecuária**
4.1.1.02.001	Leite
4.1.1.02.002	Ovos
4.1.1.02.003	....
4.1.2	**Receita Bruta de Vendas da Agricultura**
4.1.2.03	**Cultura Permanente**
4.1.2.03.001	Milho
4.1.2.03.001	Arroz
4.1.2.03.001	....
4.1.2.04	**Cultura Permanente**
4.1.2.04.001	Laranja
4.1.2.04.002	Café
4.1.2.04.003	....

5 – Plano de Contas Rural

CODIFICAÇÃO	DESCRIÇÃO DAS CONTAS
4.1.2.05	**Outros Produtos Agropecuários**
4.1.2.05.001	Madeira
4.1.2.05.002	....
4.1.2.06	**Outras Receitas**
4.1.2.06.001	Aluguel de Pasto
4.1.2.06.002	....
4.1.3	**Variações Patrimoniais Líquidas**
4.1.3.01	Superveniências Ativas
4.1.3.02 (-)	Insubsistência Ativa
4.1.4 (-)	**Deduções da Receita Bruta**
4.1.4.01 (-)	**Cancelamento e Devoluções**
4.1.4.01.001	....
4.1.4.02 (-)	**Descontos Incondicionais**
4.1.4.02.001	....
4.1.4.03 (-)	**Impostos Incidentes sobre Vendas e Serviços**
4.1.4.03.001	IPI
4.1.4.03.002	ICMS
4.1.4.03.003	ISS
4.1.4.03.004	Cofins
4.1.4.03.005	PIS-Pasep
4.1.4.03.006	....
4.1.5	**Receitas Financeiras**
4.1.5.01	**Juros e Descontos**
4.1.5.01.001	Juros de Aplicações Financeiras
4.1.5.01.002	Juros Ativos [outros]
4.1.5.01.003	Descontos Financeiros Obtidos
4.1.5.01.004	...
4.1.5.02	**Variações Monetárias**

CODIFICAÇÃO	DESCRIÇÃO DAS CONTAS
4.1.5.02.001	Variações Monetárias Ativas
4.1.5.02.002	Variações Cambiais Ativas
4.1.5.02.003	...
4.1.6	**Recuperação de Despesas**
4.1.6.01	**Recuperação de Créditos Considerados Incobráveis**
4.1.6.01.001	...
4.1.6.02	**Reversão de Provisões**
4.1.6.02.001	...
4.1.7	**Outras Receitas Operacionais**
4.1.7.01	**Receitas Diversas**
4.1.7.01.001	Aluguéis e Arrendamentos
4.1.7.01.002	Vendas Acessórias
4.1.7.01.003	Receita de Equivalência Patrimonial
4.1.7.01.004	Dividendos e Lucros Recebidos
4.1.7.01.005	Amortização de Deságio
4.1.7.01.006	....
4.2	**Outras Receitas**
4.2.1	**Outros Resultados Positivos**
4.2.1.01	**Resultados Positivos na Alienação de Investimentos**
4.2.1.01.001	Lucros na Alienação de Participações em Coligadas
4.2.1.01.002	....
4.2.1.02	**Lucros na Alienação do Imobilizado**
4.2.1.02.001	Lucros na Alienação de Imóveis
4.2.1.02.002	Lucros na Alienação de Móveis e Utensílios
4.2.1.02.003	Lucros na Alienação de Máquinas, Equipamentos e Ferramentas
4.2.1.02.004	Lucros na Alienação de Veículos
4.2.1.02.005	....

5 – Plano de Contas Rural

CODIFICAÇÃO	DESCRIÇÃO DAS CONTAS
4.2.1.03	**Resultado de Sinistros com Imobilizado**
4.2.1.03.001	Sinistros com Imobilizado
4.2.1.03.002	....
5.	**Contas de Apuração**
5.1	**Custo dos Produtos Vendidos**
5.1.1	Custo dos Produtos Vendidos
5.1.1.01	Custo dos Produtos Pecuários Vendidos
5.1.1.02	Custo dos Produtos Pecuários Produzidos Vendidos
5.1.1.03	Custo dos Produtos Agrícolas Vendidos – Cultura Temporária
5.1.1.04	Custo dos Produtos Agrícolas Vendidos – Cultura Permanente
5.1.1.05	Custo dos Outros Produtos Vendidos
5.1.2	**Apuração do Resultado do Exercício**
5.1.2.01	Apuração do Resultado do Exercício
5.1.2.01.001	Resultado do Exercício
5.1.2.01.002	Ganhos/Perdas na Alienação de Imobilizado
6	**Contas de Compensação**
6.1	**Contas de Compensação Ativas**
6.1.1	....
6.2.1	**Contas de Compensação Passivas**
6.2.1	....

SPED – CONTAS REFERENCIAIS

Para atender o Sistema Publico de Escrituração Digital foi criado plano de contas referenciais que deve ser feito um "De Para" com as contas societárias utilizando a seguinte tabela:

Codificação	Descrição das Contas Referenciais
3.11	RESULTADO LÍQUIDO DO PERÍODO ANTES DO IRPJ E DA CSLL – ATIVIDADE RURAL
3.11.01	RESULTADO OPERACIONAL DA ATIVIDADE RURAL
3.11.01.01	RECEITA OPERACIONAL LÍQUIDA DA ATIVIDADE RURAL
3.11.01.01.01	RECEITA BRUTA DA ATIVIDADE RURAL
3.11.01.01.01.01	Receita da Atividade Rural – Exportação Direta
3.11.01.01.01.02	Receita da Atividade Rural – Venda a Comercial Exportadora com Fim Específico de Exportação
3.11.01.01.01.03	Receita da Atividade Rural – Mercado Interno
3.11.01.01.02	DEDUÇÕES DA RECEITA BRUTA
3.11.01.01.02.01	(-) Vendas Canceladas e Devoluções de Vendas
3.11.01.01.02.02	(-) Descontos Incondicionais e Abatimentos
3.11.01.01.02.03	(-) ICMS
3.11.01.01.02.04	(-) Cofins Sobre Receita Bruta
3.11.01.01.02.05	(-) PIS/Pasep Sobre Receita Bruta
3.11.01.01.02.06	(-) ISS
3.11.01.01.02.09	(-) Demais Impostos e Contribuições Incidentes sobre Vendas e Serviços
3.11.01.01.02.10	(-) Ajuste a Valor Presente sobre Receita Bruta
3.11.01.03	CUSTO DOS BENS E PRODUTOS
3.11.01.03.01	CUSTO DOS BENS E PRODUTOS VENDIDOS DA ATIVIDADE RURAL
3.11.01.03.01.01	(-) Custo dos Bens e Produtos Vendidos da Atividade Rural
3.11.01.05	OUTRAS RECEITAS OPERACIONAIS
3.11.01.05.01	OUTRAS RECEITAS OPERACIONAIS DA ATIVIDADE RURAL
3.11.01.05.01.01	Variações Cambiais Ativas
3.11.01.05.01.02	Ganhos Auferidos no Mercado de Renda Variável, exceto Day-Trade
3.11.01.05.01.03	Ganhos em Operações Day-Trade
3.11.01.05.01.04	Receitas de Juros sobre o Capital Próprio
3.11.01.05.01.05	Outras Receitas Financeiras
3.11.01.05.01.06	Resultados Positivos em Participações Societárias Avaliadas pelo Método de Equivalência Patrimonial
3.11.01.05.01.07	Resultados Positivos em SCP Avaliadas pelo Método de Equivalência Patrimonial
3.11.01.05.01.08	Rendimentos e Ganhos de Capital Auferidos no Exterior

5 – Plano de Contas Rural

Codificação	Descrição das Contas Referenciais
3.11.01.05.01.09	Reversão das Perdas Estimadas Decorrentes de Teste de Recuperabilidade (Impairment)
3.11.01.05.01.10	Reversão dos Saldos das Provisões
3.11.01.05.01.11	Prêmios Recebidos na Emissão de Debêntures
3.11.01.05.01.12	Doações e Subvenções para Custeio ou Operações
3.11.01.05.01.13	Receitas de Reclassificação de Ajustes de Avaliação Patrimonial
3.11.01.05.01.14	Receitas de Reclassificação de Ajustes de Avaliação Patrimonial – Reflexo
3.11.01.05.01.16	Receitas Financeiras Decorrentes de Ajustes ao Valor Presente
3.11.01.05.01.17	Ganho Por Compra Vantajosa em Investimentos
3.11.01.05.01.18	Amortização de Menos-Valia
3.11.01.05.01.19	Receita de Aluguel de Bens Imóveis – Atividade Não Principal
3.11.01.05.01.20	Receita de Aluguel de Bens Móveis – Atividade Não Principal
3.11.01.05.01.21	Créditos Presumidos de IPI
3.11.01.05.01.22	Créditos Presumidos de PIS/COFINS
3.11.01.05.01.23	Outros Créditos Fiscais Presumidos
3.11.01.05.01.24	Multas e Outras Vantagens Recebidas
3.11.01.05.01.25	Lucros e Dividendos Derivados de Participações Societárias Avaliadas pelos Custos de Aquisição
3.11.01.05.01.26	Receitas com Empréstimos de Valores Mobiliários
3.11.01.05.01.27	Rendimentos Auferidos em Operações de Mútuo – Partes Relacionadas
3.11.01.05.01.28	Rendimentos Auferidos em Operações de Mútuo – Partes Não Relacionadas
3.11.01.05.01.29	Rendimentos Auferidos com Debêntures – Emitente Partes Relacionadas
3.11.01.05.01.30	Rendimentos Auferidos com Debêntures – Emitente Partes Não Relacionadas
3.11.01.05.01.31	Rendimentos Auferidos com Títulos Públicos
3.11.01.05.01.32	Juros Auferidos com Outros Ativos Financeiros Mensurados Pelo Custo Amortizado
3.11.01.05.01.33	Ganho de Ajustes a Valor Justo – Instrumentos Financeiros para Negociação – Não Hedge – Valor Justo pelo Resultado (VJPR).

Codificação	Descrição das Contas Referenciais
3.11.01.05.01.34	Ganho de Ajustes a Valor Justo – Instrumentos Financeiros Disponíveis para Venda – Reclassificação de Ajustes de Avaliação Patrimonial
3.11.01.05.01.35	Ganho de Ajustes a Valor Justo – Instrumentos Financeiros de Hedge de Valor Justo
3.11.01.05.01.36	Ganho de Ajustes a Valor Justo – Instrumentos Financeiros de Hedge – Reclassificação de Ajustes de Avaliação Patrimonial
3.11.01.05.01.37	Ganho de Ajustes a Valor Justo – Item Objeto de Hedge de Valor Justo
3.11.01.05.01.38	Ganho de Ajustes a Valor Justo – Propriedade para Investimento
3.11.01.05.01.39	Ganho de Ajustes a Valor Justo – Ativo Biológico Consumível
3.11.01.05.01.40	Ganho de Ajustes a Valor Justo – Ativo Biológico de Produção
3.11.01.05.01.41	Ganho de Ajustes a Valor Justo – Ativos Não Circulantes Mantidos para Venda
3.11.01.05.01.42	Ganho de Ajustes a Valor Justo – Subscrição de Capital com demais Bens
3.11.01.05.01.43	Ganho de Ajustes a Valor Justo – Subscrição de Capital com Participação Societária
3.11.01.05.01.44	Ganho de Ajustes a Valor Justo – Aquisição de Participação Societária em Estágios
3.11.01.05.01.45	Ganho de Ajustes a Valor Justo – Decorrente de Permuta de Ativos ou Passivos
3.11.01.05.01.46	Ganho de Ajustes a Valor Justo – Outras Operações
3.11.01.05.01.47	Doações e Subvenções para Investimentos
3.11.01.05.01.99	Outras Receitas Operacionais
3.11.01.07	**DESPESAS OPERACIONAIS**
3.11.01.07.01	**DESPESAS OPERACIONAIS DA ATIVIDADE RURAL**
3.11.01.07.01.01	(-) Remuneração a Dirigentes e a Conselho de Administração
3.11.01.07.01.02	(-) Ordenados, Salários, Gratificações e Outras Remunerações a Empregados
3.11.01.07.01.03	(-) Outros Gastos com Pessoal
3.11.01.07.01.04	(-) Outros Serviços Prestados por Pessoa Física ou Jurídica
3.11.01.07.01.05	(-) Encargos Sociais – Previdência Social
3.11.01.07.01.06	(-) Encargos Sociais – FGTS
3.11.01.07.01.07	(-) Encargos Sociais – Outros

5 – Plano de Contas Rural

Codificação	Descrição das Contas Referenciais
3.11.01.07.01.08	(-) Doações e Patrocínios de Caráter Cultural e Artístico (Lei no 8.313/1991)
3.11.01.07.01.09	(-) Doações de Aquisição de Vale-Cultura (Lei no 12.761/2012, art. 10)
3.11.01.07.01.10	(-) Doações a Instituições de Ensino e Pesquisa (Lei nº 9.249/1995, art.13, § 2º)
3.11.01.07.01.11	(-) Doações a Entidades Civis
3.11.01.07.01.12	(-) Outras Contribuições, Doações e Patrocínios
3.11.01.07.01.13	(-) Alimentação do Trabalhador
3.11.01.07.01.14	(-) PIS/PASEP
3.11.01.07.01.15	(-) COFINS
3.11.01.07.01.16	(-) Demais Impostos, Taxas e Contribuições, exceto IR e CSLL
3.11.01.07.01.17	(-) Arrendamento Mercantil
3.11.01.07.01.18	(-) Aluguéis
3.11.01.07.01.19	(-) Despesas com Veículos e de Conservação de Bens e Instalações
3.11.01.07.01.20	(-) Propaganda, Publicidade e Patrocínio
3.11.01.07.01.21	(-) Propaganda, Publicidade e Patrocínio de Assoc. Desportivas que Mantenha Equipe de Futebol Profissional
3.11.01.07.01.22	(-) Multas
3.11.01.07.01.23	(-) Encargos de Depreciação
3.11.01.07.01.24	(-) Encargos de Amortização
3.11.01.07.01.25	(-) Perdas em Operações de Crédito
3.11.01.07.01.26	(-) Provisões para Férias
3.11.01.07.01.27	(-) Provisões para 13º Salário de Empregados
3.11.01.07.01.28	(-) Provisão para Perda de Estoque
3.11.01.07.01.29	(-) Demais Provisões
3.11.01.07.01.30	(-) Gratificações a Administradores
3.11.01.07.01.31	(-) Royalties e Assistência Técnica – no PAÍS
3.11.01.07.01.32	(-) Royalties e Assistência Técnica – no EXTERIOR
3.11.01.07.01.33	(-) Assistência Médica, Odontológica e Farmacêutica a Empregados
3.11.01.07.01.34	(-) Pesquisas Científicas e Tecnológicas
3.11.01.07.01.35	(-) Bens de Pequeno Valor Unitário ou de Vida Útil de até um Ano Deduzidos como Despesa
3.11.01.07.01.36	(-) Despesas com Energia Elétrica
3.11.01.07.01.37	(-) Despesas com Água e Esgoto

Codificação	Descrição das Contas Referenciais
3.11.01.07.01.38	(-) Despesas com Telefone e Internet
3.11.01.07.01.39	(-) Despesas com Correios e Malotes
3.11.01.07.01.40	(-) Despesas com Seguros
3.11.01.09	**OUTRAS DESPESAS OPERACIONAIS**
3.11.01.09.01	**OUTRAS DESPESAS OPERACIONAIS DA ATIVIDADE RURAL**
3.11.01.09.01.01	(-) Variações Cambiais Passivas
3.11.01.09.01.02	(-) Perdas Incorridas no Mercado de Renda Variável, exceto Day-Trade
3.11.01.09.01.03	(-) Perdas em Operações Day-Trade
3.11.01.09.01.04	(-) Despesas de Juros sobre o Capital Próprio
3.11.01.09.01.05	(-) Despesas de Remuneração de Debêntures
3.11.01.09.01.06	(-) Juros com Empréstimos de Pessoas Vinculadas ou Situadas em País com Tributação favorecida
3.11.01.09.01.07	(-) Despesas Financeiras Relativas à Arrendamento Mercantil Financeiro
3.11.01.09.01.08	(-) Outras Despesas Financeiras
3.11.01.09.01.09	(-) Resultados Negativos em Participações Societárias Avaliadas pelo Método de Equivalência Patrimonial
3.11.01.09.01.10	(-) Resultados Negativos em SCP Avaliadas pelo Método de Equivalência Patrimonial
3.11.01.09.01.11	(-) Perdas em Operações Realizadas no Exterior
3.11.01.09.01.12	(-) Perdas Estimadas Decorrentes de Teste de Recuperabilidade (*Impairment*)
3.11.01.09.01.13	(-) Despesas de Reclassificação de Ajustes de Avaliação Patrimonial
3.11.01.09.01.14	(-) Despesas de Reclassificação de Ajustes de Avaliação Patrimonial – Reflexo
3.11.01.09.01.15	(-) Despesas Financeiras Decorrentes dos Ajustes ao Valor Presente
3.11.01.09.01.16	(-) Encargos de Depreciação de Bens Objeto de Leasing Financeiro
3.11.01.09.01.17	(-) Encargos de Amortização de Mais – Valia
3.11.01.09.01.18	(-) Aluguéis de Bens Imóveis – Locador Parte Relacionada
3.11.01.09.01.19	(-) Aluguéis de Bens Imóveis Locador Parte Não Relacionada
3.11.01.09.01.20	(-) Despesas com Empréstimos de Valores Mobiliários
3.11.01.09.01.21	(-) Despesas com Corretagem e Emolumentos
3.11.01.09.01.22	(-) Despesas com Deságio na Cessão de Títulos
3.11.01.09.01.23	(-) Despesas Incorridas em Operações de Mútuo – Parte Relacionada

5 – Plano de Contas Rural

Codificação	Descrição das Contas Referenciais
3.11.01.09.01.24	(-) Despesas Incorridas em Operações de Mútuo – Parte Não Relacionada
3.11.01.09.01.25	(-) Despesas Incorridas em Outros Passivos Financeiros Mensurados Pelo Custo Amortizado
3.11.01.09.01.26	(-) Perda de Ajuste a Valor Justo – Instrumentos Financeiros para Negociação – Não Hedge – Valor Justo pelo Resultado
3.11.01.09.01.27	(-) Perda de Ajuste a Valor Justo – Instrumentos Financeiros Disponíveis para Venda – Reclassificação de Ajustes de Avaliação Patrimonial
3.11.01.09.01.28	(-) Perda de Ajuste a Valor Justo – Instrumentos Financeiros de Hedge de Valor Justo
3.11.01.09.01.29	(-) Perda de Ajuste a Valor Justo – Instrumentos Financeiros de Hedge – Reclassificação de Ajustes de Avaliação Patrimonial
3.11.01.09.01.30	(-) Perda de Ajuste a Valor Justo – Item Objeto de Hedge de Valor Justo
3.11.01.09.01.31	(-) Perda de Ajuste a Valor Justo – Propriedade para Investimento
3.11.01.09.01.32	(-) Perda de Ajuste a Valor Justo – Ativo Biológico Consumível
3.11.01.09.01.33	(-) Perda de Ajuste a Valor Justo – Ativo Biológico de Produção
3.11.01.09.01.34	(-) Perda de Ajuste a Valor Justo – Ativos Não Circulantes Mantidos para Venda
3.11.01.09.01.35	(-) Perda de Ajuste a Valor Justo – Subscrição de Capital com demais Bens
3.11.01.09.01.36	(-) Perda de Ajuste a Valor Justo – Subscrição de Capital com Participação Societária
3.11.01.09.01.37	(-) Perda de Ajuste a Valor Justo – Aquisição de Participação Societária em Estágios
3.11.01.09.01.38	(-) Perda de Ajuste a Valor Justo – Decorrente de Permuta de Ativos ou Passivos
3.11.01.09.01.39	(-) Perda de Ajuste a Valor Justo – Outras Operações
3.11.01.09.01.99	(-) Outras Despesas Operacionais
3.11.01.11	**OUTRAS RECEITAS, OUTRAS DESPESAS E RESULTADO DE OPERAÇÕES DESCONTINUADAS DA ATIVIDADE RURAL**
3.11.01.11.01	**RESULTADO DE OPERAÇÕES DESCONTINUADAS (COM BENS UTILIZADOS EXCLUSIVAMENTE NA PRODUÇÃO RURAL, COM EXCEÇÃO DA TERRA NUA)**
3.11.01.11.01.01	Receitas na Alienação de Bens Integrantes do Ativo Circulante ou do Ativo Realizável a Longo Prazo
3.11.01.11.01.02	Receitas de Alienações de Bens do Ativo Não Circulante

Codificação	Descrição das Contas Referenciais
3.11.01.11.01.04	(-) Valor Contábil de Bens Integrantes do Ativo Circulante ou do Ativo Realizável a Longo Prazo Alienados
3.11.01.11.01.05	(-) Valor Contábil dos Bens do Ativo Não Circulante Alienados
3.11.05	**PARTICIPAÇÕES**
3.11.05.01	**PARTICIPAÇÕES NOS LUCROS**
3.11.05.01.01	**PARTICIPAÇÕES DE EMPREGADOS**
3.11.05.01.01.01	(-) Participações de Empregados
3.11.05.01.01.02	(-) Contribuições para Assistência ou Previdência de Empregados
3.11.05.01.01.99	(-) Outras Participações de Empregados
3.11.05.01.03	**OUTRAS PARTICIPAÇÕES**
3.11.05.01.03.01	(-) Participações de Administradores e Partes Beneficiárias
3.11.05.01.03.02	(-) Participações de Debêntures
3.11.05.01.03.99	(-) Outras Participações
3.12	**PROVISÃO PARA CSLL (ATIVIDADE RURAL)**
3.12.01	**PROVISÃO PARA CSLL (ATIVIDADE RURAL)**
3.12.01.01	**PROVISÃO PARA CSLL (ATIVIDADE RURAL)**
3.12.01.01.01	**PROVISÃO PARA CSLL (ATIVIDADE RURAL)**
3.12.01.01.01.01	Contribuição Social sobre o Lucro Líquido (Atividade Rural)
3.12.01.01.01.11	Contribuição Social sobre o Lucro Líquido – Lucros Diferidos (Atividade Rural)

6
ATIVIDADE AGRÍCOLA

6.1. CONCEITOS DE CULTURAS TEMPORÁRIAS E PERMANENTES

6.1.1. Cultura temporária

São aquelas sujeitas ao replantio após a colheita, possuindo período de vida muito curto entre o plantio e a colheita; como por exemplo: os cultivos de feijão, legumes, trigo, milho, soja, cebola etc. Durante o ciclo produtivo, os custos pagos ou incorridos, nesta cultura, serão acumulados em conta específica denominada "Cultura Temporária em Formação", dentro do Ativo Circulante, grupo Estoque.

6.1.2. Cultura permanente

São aquelas não sujeitas ao replantio após a colheita, uma vez que propiciam mais de uma colheita ou produção, bem como apresentam prazo de vida útil superior a um ano, como por exemplo: cafeicultura, laranjeira, limoeiro etc.

6.2. CUSTOS E DESPESAS NA CULTURA TEMPORÁRIA

Custos são todos os gastos realizados ou incorridos com a cultura escolhida e que seja de formação temporária, ou seja, é o investimento feito para que se consiga o produto final para a sua venda.

Despesas são aquelas realizadas ou incorridas de forma indireta para a realização da colheita ou produto, tais como despesas administrativas, financeiras, com vendas entre outras.

Os gastos com armazenamento do produto que compreende o período após a colheita e a sua respectiva venda são tratados como despesa com vendas e não podem ser incluídos no custo da colheita ou produto. Caso fique armazenado por um período de mais de um ano, a autores que entendem que se pode alocar esses gastos no custo do produto.

Após a colheita, a conta Cultura Temporária em Formação, deverá ser baixada pelo seu valor de custo e transferida para uma nova conta, que poderá ser denominada "Produtos Agrícolas" (Estoque – AC), especificando o tipo de produto (arroz, cebola, alho etc.).

Esses estoques enquanto não vendidos, serão obrigatoriamente avaliados a preço de mercado, custo médio ou inventário físico, para atender à legislação do Imposto de Renda, de acordo com os arts. 304 e seguintes do RIR/2018 e Parecer Normativo CST nº 6/1979.

Os estoques de produtos agrícolas, bem como outros de qualquer natureza, não sofrem depreciação, por falta de previsão legal.

Exemplo:

Admitindo-se que uma empresa tem cultura de feijão e que seus gastos incorridos e pagos à vista foram:

Adubo e fertilizantes	R$ 10.000,00
Sementes para o plantio	R$ 3.000,00
Despesa com pessoas ligadas ao plantio e colheita	R$ 6.000,00
Despesas administrativas	R$ 2.000,00
Despesas com armazenagem	R$ 1.000,00
Despesas Bancárias	R$ 500,00

6 – Atividade Agrícola

Contabilização dos gastos

1. Pelos gastos com adubos e fertilizantes

| D – Cultura Temporária em Formação |
| C – Caixa ou Bancos R$ 10.000,00 |

2. Pelos gastos com sementes para o plantio

| D – Cultura Temporária em Formação |
| C – Caixa ou Bancos R$ 3.000,00 |

3. Pelos gastos com pessoal ligados ao plantio e colheita

| D – Cultura Temporária em Formação |
| C – Caixa ou Bancos R$ 6.000,00 |

4. Pelas despesas administrativas

| D – Despesas Administrativas |
| C – Caixa ou Bancos R$ 2.000,00 |

5. Pelas despesas com armazenagem

| D – Despesas com Vendas |
| C – Caixa ou Bancos R$ 1.000,00 |

6. Pelas despesas bancárias

| D – Despesa com Bancos |
| C – Caixa ou Bancos R$ 500,00 |

6.3. CUSTO NA CULTURA PERMANENTE

Durante a formação dessa cultura, os gastos são acumulados na conta "Cultura Permanente em Formação", no grupo Imobilizado (Ativo Não Circulante).

Quando atingir a sua maturidade e estiver em condições de produzir, o saldo da conta da cultura em formação será transferido para a conta "Cultura Permanente Formada", no grupo Imobilizado (AÑC), especificando o tipo de cultura (laranja, cacau etc.).

Esta conta está sujeita à depreciação e feita somente a partir do mês que começar a produzir.

Exemplo:

Admitindo-se que uma empresa tem cultura de café em formação e que seus gastos iniciais incorridos e pagos à vista foram:

Adubos e fertilizantes	R$	30.000,00
Mudas de café	R$	2.000,00
Preparo do solo	R$	8.000,00

Pelos gastos realizados

D – Cultura Permanente em Formação
C – Caixa ou Bancos R$ 40.000,00

6.3.1. Produção da cultura permanente

Durante o período de formação do produto a ser colhido, como por exemplo: maçã, uva, laranja, entre outras culturas, os custos pagos ou incorridos serão acumulados em conta específica, que poderá ser denominada de Colheita em Andamento dentro do Ativo Circulante, especificando o tipo de produto que vai ser colhido.

Após a colheita, esta conta deverá ser baixada pelo seu valor de custo e transferida para uma nova conta denominada Produtos Agrícolas (AC), especificando o tipo do produto.

Esses estoques, enquanto não vendidos, serão obrigatoriamente avaliados ao preço de mercado, custo médio ou inventário físico, para atender à legislação do Imposto de Renda.

Exemplo:

Gastos totais com a colheita no valor de	R$	45.000,00
Gastos com armazenagem no valor de	R$	5.000,00

1. Pelos gastos com a colheita

D – Colheita em Andamento
C – Caixa ou Bancos R$ 40.000,00

2. Pelos gastos com armazenagem

D – Despesas com Vendas
C – Caixa ou Bancos R$ 5.000,00

3. Pela finalização da colheita

D – Produtos Agrícolas
C – Colheita em Andamento R$ 40.000,00

6.4. VISÃO GERAL DA CULTURA PERMANENTE

A contabilidade das culturas permanentes é assunto que não deveria, à primeira vista, representar ponto para tantas dúvidas. Todavia, a experiência mostra que há inúmeras discussões com relação a esse ponto e que muita polêmica ainda persiste nesse campo. Sem querer detalhar o caso particular de cada uma das possíveis culturas permanentes e sem querer eliminar todos os pontos obscuros, vamos entrar um pouco nessa problemática.

6.4.1. O conceito de cultura permanente

Há várias correntes diferentes que procuram equacionar o que seja a cultura permanente.

6.4.1.1. O problema das conceituações simplistas

Alguns definem a cultura permanente como aquela que tem acima de duas ou três colheitas ao longo de sua vida útil. Outros a definem pelo tempo que leva para a colheita. E, conforme uma ou outra opção, a classificação entre cultura temporária e cultura permanente muda (*vide* subitem 6.1).

Muitas vezes, é difícil chegar a essas classificações. Por exemplo, se considerarmos o número de colheitas, a plantação de palmito é cultura temporária; porém, se levarmos em conta o tempo que se leva para chegar a essa colheita, será classificada como cultura permanente.

6.4.1.2. Ativo Imobilizado

Para aclarar um pouco a situação, é preciso que voltemos ao conceito de Ativo Imobilizado. Considera-se que este seja formado pelas aplicações de recursos feitas com a intenção de produzir receitas, benefícios e utilidades pela sua manutenção dentro da empresa ou pela utilização da sua capacidade de produção. Devem ainda esses ativos, para que possam ser assim considerados, ter vida útil econômica superior a um ano e capacidade de produzir lucros ou benefícios que cubram seu custo de aquisição (diminuídos do possível valor de venda a ser obtido após sua permanência na empresa).

Não é necessário que a produção dessas receitas e utilidades seja de caráter perpétuo, pode durar pouco ou muito. O conceito, em teoria, pode e deve ser ainda complementado, mas vamos aqui nos restringir a certos pontos básicos.

6.4.1.3. Perdas de valor do Ativo Imobilizado

Na medida em que esses ativos estejam sujeitos à perda de valor de natureza também permanente, essa perda deverá ser reconhecida. Assim, por se destinarem a ser mantidos e/ou usados, não se consideram, no seu caso, eventuais perdas temporárias, mesmo que derivadas de eventuais cotações de seu valor no mercado.

Somente produzem reconhecimento de perdas se estas ocorrerem de forma também permanente. Nascem daí os conceitos de depreciações, amortizações, exaustões e provisões para perdas, que, por serem previsíveis e esperadas, transformam-se em operacionais, na forma de despesas ou custos de produção. As anormais e inesperadas são efetivamente não operacionais e levam o nome de perdas propriamente ditas.

6.4.1.4. O caso das culturas agrícolas

Voltando ao caso das plantações, é preciso que utilizemos algumas análises para uma classificação mais adequada. Mas, antes disso, é necessário que nos lembremos de que, em última análise, todas as plantações, quase sem exceção, são, na realidade, como máquinas, que são construídas durante um tempo curto ou longo, produzem também durante certo tempo e, assim, geram os produtos que realmente interessam à empresa em termos de obtenção de receitas.

Dentro desse enfoque, um pé de arroz é uma máquina sendo construída para produzir arroz, como também o pé de palmito, para produzir palmito (só que seu processo de "construção" e de "produção" é muito mais longo).

É preciso lembrar que o objeto da empresa não é a plantação de arroz, de palmito, de cana-de-açúcar, de grama, de laranja etc., e sim o produto que delas se extrai, quer para venda, quer para utilização.

Dentro dessa visualização, podemos considerar que até o pé de feijão é considerado como um Ativo Imobilizado, uma vez que é um "equipamento" sendo fabricado para gerar um produto, que é o que nos interessa.

Considera-se Ativo Imobilizado apenas aquele que tenha vida útil superior a um ano. Em função dessa restrição de prazo, é que a cultura de feijão passa a ser classificada no Ativo Circulante, como um produto em elaboração, e não uma máquina sendo construída para depois produzir. Em decorrência disso, verificamos que todas as culturas que, do plantio até se transformarem em produto, tenham ciclo de vida inferior a um ano vão para o Ativo Circulante, mesmo que sejam capazes de produzir mais de uma vez por ano (caso, na prática, difícil de encontrar).

6.4.1.5. O problema do prazo no Ativo Circulante

No que diz respeito ao prazo, há outro fato a se considerar. No Ativo Circulante, predomina a figura do prazo de 12 meses, mas, quando o ciclo operacional for superior, prevalece o prazo maior. Por essa razão, o conceito de circulante numa indústria que só produza elevadores e leva anos para serem elaborados é diferente; e, nesses casos, ele passa a abarcar o prazo maior.

Pela mesma razão, se uma empresa trabalha com uma cultura cujo ciclo operacional seja de 2 anos, ela poderá, então, mudar seu conceito de circulante para esse prazo maior e ter o registro do custo dessa plantação inserido no Ativo Circulante, e não no Ativo Permanente. Contudo, não se leva essa ideia indefinidamente a prazos cada vez maiores, com restrições impostas de forma não objetiva, para não chegar a exageros.

Exemplo:

Considerando uma empresa que trabalhe só com palmito, e que a palmeira leva 8 anos para produzir e o faz apenas uma única vez, poderíamos conceituar essa plantação como Ativo Circulante, como se fosse produto em elaboração. E o prazo válido para definir algo como circulante chegaria a esse número de 8 anos. Para não ocorrer esses absurdos, é imposta uma regra no sentido de que um prazo "razoável" deve sempre ser dado como limite, de tal forma que se evitem essas situações. Todavia, esse prazo "razoável" nunca foi definido de forma objetiva e consensual como sendo 2, 3 ou 4 anos. Na prática, raras vezes, se vai além dos 2 anos, mas é preciso confessar que essa situação coloca de fato o profissional em situação difícil em algumas oportunidades.

6.4.1.6. O caso das culturas permanentes

Do ponto de vista contábil, devem ser encaradas como culturas permanentes aquelas que:

a) tenham um prazo de maturação e produção ("construção da máquina" e elaboração do produto) superior a pelo menos um ano; e

b) produzam mais de uma vez na sua vida útil econômica; ou

c) mesmo que produzam uma única vez, tenham prazo de maturação e produção acima do razoável (normalmente acima de 2 anos).

Dessa forma, as plantações com prazo inferior a um ano passam a ser sempre temporárias (mesmo que com mais de uma produção ou colheita nesse prazo). Também são consideradas temporárias aquelas que tenham vida superior a um ano, mas inferior a três (normalmente, no máximo de dois), desde que produzam uma única colheita. Com isso, o café é cultura permanente pela sua vida longa e produção por muitos anos.

A cana-de-açúcar também é cultura permanente que precisa estar classificada como Ativo Não Circulante – Imobilizado. A laranjeira também, bem como a macieira, a plantação de mamona, eucalipto, pinho, seringueira etc. (Florestamento não é muito comumente chamado de "cultura", mas como sua análise é feita de forma exatamente igual, será incluído dentro da questão). Já a soja, o arroz, o feijão, as hortaliças em geral, o trigo, o amendoim e outros são culturas temporárias, pois têm seu ciclo inferior a um ano.

Por outro lado, se um abacaxi produzir apenas uma única vez, mesmo que o prazo completo, desde a plantação até a colheita, seja de 2 anos ou um pouco mais, poderá ter sua plantação classificada como "Produtos em Elaboração" no Ativo Circulante ou no Realizável a Longo Prazo. Será classificada no Ativo Circulante, se esta produção for o forte da atividade da empresa, o que a fará considerar "circulante" o prazo dessa maturação completa; mas, se a atividade principal for, por exemplo, soja, e o abacaxi surgir com uma expressão econômica bem menor, a empresa acabará considerando como circulante o prazo de um ano e, nesse caso, a plantação de abacaxi acabará aparecendo como "Estoques" no Realizável a Longo Prazo.

Uma plantação de palmito deverá ficar como Ativo Imobilizado, mesmo que só produza uma única vez, dado o elevado tempo (acima do "razoável") de maturação e produção.

Também ficarão como Ativo Imobilizado a grama e o capim, mesmo que este seja do tipo rasteiro ou alto que exija corte (como o napier, por exemplo).

6.4.2. Classificação contábil das culturas permanentes

As culturas permanentes deverão ficar no Ativo Não Circulante, mas resta detalhar agora que deverão figurar no Ativo Imobilizado.

Como dissemos, são elas verdadeiras "máquinas" de produção. Os seus produtos, sim, figurarão no Ativo Circulante. Assim, o pé de café figurará como Ativo Imobilizado, como se fosse uma máquina qualquer de uma indústria. O seu produto, que é o café, é que ficará, quando existir, no Ativo Circulante. O mesmo terá de ocorrer com a cana-de-açúcar, com o eucalipto, com a laranjeira etc. Também a floresta é classificada como Imobilizado, a não ser que não se tenha intenção de explorá-la. Se forem feitas aplicações de recursos numa plantação qualquer, permanente, não com o intuito deliberado de se obter receita pela extração de seus produtos, mas sim com o objetivo de ser eventualmente negociada no futuro (a aplicação é por existência, hoje, de recurso disponível ou por influência de algum incentivo fiscal), aí teremos o caso de classificação no subgrupo Investimentos dentro do Ativo Não Circulante. Também, no caso da existência de dúvida sobre explorar ou vender a plantação, sendo ela permanente, deverá ir para Investimentos e não para Imobilizado. Para o Ativo Imobilizado, deverá ir o valor referente a algo decididamente em uso ou sendo colocado em condições de ser usado ou explorado.

6.4.3. O que deve ser imputado ao imobilizado

Partindo do pressuposto de que a plantação será destinada à exploração, e de natureza permanente, discutiremos o que deve, em termos de valor, ser considerado como imobilização.

6.4.3.1. Gastos com o solo

Todos os gastos incorridos com a preparação do solo devem, em primeiro lugar, ser separados em dois grupos: os gastos incorridos com preparações do solo que sejam consideradas como de efeito permanente deverão ser adicionados ao valor do próprio solo. Assim, se uma área sofre um processo de nivelamento (terraplenagem), que não virá a ser repetido no futuro (de natureza permanente, então), necessário à atividade da empresa e, ainda, incorpora valor ao próprio terreno, deverá ser agregado ao custo da própria terra. É o caso também de trabalhos que visam remoção do processo de erosão ou de desmoronamento.

Já os gastos com as preparações que forem consideradas como não permanentes deverão ter tratamento diferente. Se, por exemplo,

6 – Atividade Agrícola

um gasto é incorrido para o delineamento da curva de nível, e esta só fará sentido para aquela plantação de café, deverá, então, esse gasto ser incorporado não ao valor da terra, mas ao da plantação em si. Mas tudo estará dentro do próprio Imobilizado (terra ou cultura).

6.4.3.2. Gastos com a formação da cultura

Todos os gastos incorridos com a formação da cultura permanente deverão ser incorporados a ela no Imobilizado. Assim, os incorridos desde a própria planificação da cultura (como se fosse o gasto com o projeto de um edifício), com a mão de obra direta e indireta relativas a ela, as sementes ou mudas, as adubações, os herbicidas, os fungicidas, a depreciação ou o aluguel dos equipamentos utilizados, os gastos com agrônomos e outros deverão ser imobilizados. Nessa mão de obra, são incluídos os serviços de limpeza e a preparação do solo, de aração, gradeação, carpa, irrigação, desbaste, poda, acompanhamento, pesquisa de existência de elementos daninhos (formigas, fungos, ervas, doenças etc.) e outros. E, logicamente, todos os materiais e equipamentos (via depreciação ou aluguel) também relativos a todas essas fases.

A imobilização cessará a partir de quando a plantação começar a produzir economicamente.

6.4.3.3. Despesas diferidas e despesas de exercício

Os gastos com a administração central da empresa (além, obviamente, dos relativos às atividades comerciais) não devem ser acrescidos aos custos das culturas permanentes (na realidade nem às temporárias), semelhantemente à indústria de bens, na qual os gastos com a administração central (diretoria, faturamento, contabilidade geral, sistemas etc.) também não fazem parte dos custos de produção ou do imobilizado em construção.

Situação até 31.12.2008

Todavia, se a empresa está numa atividade em que levará mais de um ano para começar efetivamente a obter receitas, deverá considerar essas despesas, mesmo que administrativas, como ativo a ser amortizado a partir de quando as receitas começarem a ser obtidas. A sua classificação será no Ativo Permanente no subgrupo Diferido.

Assim, se uma empresa explorar a cana-de-açúcar, e a receita só começar a existir no 2º ou 3º exercício social, deverá adicionar os gastos diretos e indiretos, desde que relativos à cultura, ao seu próprio custo no Ativo Imobilizado. Mas os gastos com a administração central deverão ser agregados ao Ativo Diferido para amortização a partir do exercício em que começar efetivamente a produção.

Também os gastos com a área de *marketing* e de vendas, se incorridos antes de a empresa começar efetivamente a produzir, deverão ter o mesmo tratamento. O mesmo deverá acontecer com todos os gastos com financiamento da cultura permanente durante a fase pré-operacional. Assim, juros e variações monetárias, bem como outros encargos decorrentes de financiamento incorridos durante esse período, deverão ser diferidos.

Deve-se lembrar que, na empresa em fase pré-operacional, é permitido até contabilizar-se como Ativo Diferido os juros calculados e creditados ou pagos aos acionistas durante esse prazo.

A partir de quando a empresa entra na fase operacional, nenhuma dessas despesas poderá ser diferida. Todos os gastos administrativos a partir de então deverão ser considerados como despesas do exercício diretamente.

Apenas no caso de uma possível (e objetiva) identificação de algum gasto com algum benefício futuro, é que ele poderá ser Diferido. Assim, os encargos de financiamento da colheita do ano seguinte poderão ser diferidos para apropriação tão somente por ocasião da obtenção da receita relativa a essa colheita. Mas, mesmo assim, deve-se lembrar que, em função do conservadorismo ou da prudência, se esses gastos são rotineiros e existem em todos os anos, recomenda-se que sejam eles considerados como despesas já no exercício em que são incorridos.

Situação a partir de 1º.01.2009

Com a publicação da Lei nº 11.941/2009, foi extinto o Subgrupo Ativo Diferido dentro do Permanente que também passou a deixar de existir, sendo substituído pelo Ativo Não Circulante que é composto pelo:

Realizável a Longo Prazo;

Investimentos;

Imobilizado;

Intangível.

Dessa forma, os gastos pré-operacionais, realizados dentro da cultura permanente devem ser alocados a esta cultura registrada no Ativo Imobilizado dentro do Ativo Não Circulante e aquelas que não sejam relevantes à cultura serão lançadas diretamente em conta de despesa operacional.

Situação Fiscal

A pessoa jurídica que contabilizar esses gastos em conta de despesa operacional fará o ajuste no e-Lalur dentro da Escrituração Contábil Fiscal (ECF) como adição e controlado na Parte "B", para futuras exclusões no prazo mínimo de cinco anos, conforme dispõe o artigo 331 do RIR/2018 e artigo 128 da IN RFB nº 1.700/2017.

6.4.4. Os erros cometidos na cultura permanente hoje no Brasil

Pelo que acabamos de ver, podemos notar como têm sido errôneos muitos tratamentos utilizados no Brasil com relação às culturas permanentes. Por exemplo, muitas empresas têm considerado todo o custo com a formação da cana-de-açúcar (extremamente relevante hoje em tantas empresas agrícolas em nosso País) como Ativo Circulante, muitas vezes, chegando até ao absurdo de descarregar todos os gastos já na primeira safra.

Outras têm considerado todos os gastos como "Estoques", fora do Ativo Circulante, mas, no Realizável a Longo Prazo, efetuando uma espécie de amortização, com a transferência para o Circulante de parte do seu valor à medida que se obtém parte da produção total ("Depreciação" do Realizável a Longo Prazo).

Finalmente, temos visto muitas empresas considerarem o custo dessas culturas como investimentos permanentes, e não como imobilizados. Isso não significa que a maioria esteja agindo erroneamente; não, a maioria parece estar realmente dando o tratamento correto de Ativo Imobilizado, mas as exceções existem numa proporção maior do que seria aceitável.

6.5. DEPRECIAÇÕES

Segundo o *Dicionário de Termos de Contabilidade*, de Sérgio de Iudícibus e José Carlos Marion, Editora Atlas:

Depreciação na Agropecuária. Depreciação aplicada somente aos bens tangíveis. No que tange às culturas permanentes, às florestas ou árvores e a todos os vegetais de menor parte, somente se pode falar em depreciações em caso de empreendimento próprio da empresa e do qual serão extraídos apenas frutos. Quando é extraído o caule (cana-de-açúcar, floresta para industrialização da madeira etc.), denomina-se exaustão.

Também de forma exatamente igual a qualquer outro Ativo Imobilizado, a cultura permanente deverá, a partir do início da produção, começar a sofrer o registro relativo à baixa do seu valor decorrente da exploração.

A apropriação dessas parcelas se faz como custo da produção, o que significa que há, na prática, uma transferência do Ativo Não Circulante – Imobilizado para o Ativo Circulante ("Produtos em Elaboração", posteriormente, "Produtos Acabados") para somente depois afetar o resultado (na forma de "Custo dos Produtos Vendidos").

Quanto à terminologia, dá-se o nome de depreciação ao registro da baixa do Ativo quando se trata de cultura que produz "frutos", em que a planta (nossa "máquina") continua como está. E isso ocorre então na citricultura, nos pomares, nas plantações de café, no seringal etc. (entenda-se que fruto, aqui, significa o produto objeto da exploração).

Entretanto, no caso em que a planta em si, ou parte dela, é extraída, fisicamente falando (parte da planta, do pé, e não o fruto), à baixa é dado o nome de exaustão.

Assim, no corte do pinho, tem-se a exaustão (parcial, pelos vários cortes possíveis) da floresta.

Em algumas situações, pode haver dúvidas em função de interpretações. Por exemplo, na cana-de-açúcar, costuma-se falar em exaustão porque há a retirada física de um pedaço da planta. Mas há quem interprete que o imobilizado é formado pela raiz e partes não cortadas, considerando-se como "fruto" o colmo; e por isso, alguns dão o nome de depreciação à apropriação do custo desse imobilizado à produção em andamento. Todavia, a primeira forma parece-nos a mais adequada.

Todavia, o importante não é a terminologia, uma vez que depreciação e exaustão (bem como amortização) são nomes diferentes do mesmo procedimento contábil, e sua diversificação existe mais em termos semânticos.

Afinal, o valor em si da baixa é o mais importante e esse não depende, numa boa contabilização, do nome, e sim dos métodos adotados. Esses métodos, quando bem adotados, levam em conta a vida útil econômica do ativo, o eventual valor residual ao fim da sua utilização pela empresa, e também a evolução da produção quando não for ela homogeneamente distribuída ao longo do tempo.

Dessa forma, é comum uma plantação, no primeiro ano de produção, frutificar apenas 20% ou 30% do que consegue em 1 ou 2 anos depois. Assim, efetuar uma depreciação em bases iguais durante, por exemplo, 8 anos esperados de produção, é aumentar muito o custo unitário do primeiro ou dos primeiros anos. Por isso, quando há uma curva bem definida que represente a evolução do volume de produção ao longo da vida útil da planta, deve-se efetuar a baixa do imobilizado não de forma linear, mas numa evolução igual a essa curva de produção.

Isso é comumente utilizado nas exaustões, quando se fazem as baixas proporcionalmente ao volume total esperado, mas é, da mesma maneira, absolutamente necessário e válido também para as depreciações, desde que, é claro, haja essa curva acentuada que espelhe uma produção bastante variada ao longo da vida útil da plantação.

6.5.1. A definição do Parecer Normativo CST nº 18/1979

O Fisco ao ser indagado sobre a questão da apropriação dos custos ou encargos da exploração de plantações de certas espécies vegetais que não se extinguem com o primeiro corte, mas depois de dois ou mais cortes, no que se refere à amortização ou exaustão, editou o PN CST nº 18/1979 para esclarecer como ele entende a sua aplicabilidade para fins de apuração do Imposto de Renda.

Foram conceituadas neste parecer para fins de aplicabilidade às florestas e a vegetais de menor porte o seguinte:

Depreciação: No caso de empreendimento próprio da empresa e do qual serão extraídos apenas os frutos. Nesta hipótese, o custo de aquisição ou formação é depreciado em tantos anos quantos forem os de produção de frutos.

Verifica-se que o critério apresentado no subitem 6.5 vem de encontro com este parecer editado pela Coordenação do Sistema Tributário da Receita Federal do Brasil, que ainda hoje é aplicado.

6.5.2. Exemplos de depreciação

Na cultura do chá, o que se colhe é a folha e não a árvore que dá o produto da colheita.

Na cultura bananal, após a retirada da banana o seu tronco é cortado e volta dar novo fruto.

Nas culturas mais tradicionais em que somente é extraído o fruto e não se procede a nenhum corte de troncos ou caule, não temos problema em identificar como depreciação, por exemplo: laranjeira, limoeiro, mexeriqueira, abacateiro etc.

6.5.3. Caso prático

Admita-se exploração de laranjas em que ao longo dos seus estimados 15 anos produziram-se dois milhões de caixa e no seu primeiro ano de colheita extraíram-se 150 mil caixas têm a seguinte taxa de depreciação:

2.000.000/150.000 = 13,33%

Taxa de depreciação anual de 13,33% superior à taxa admitida por pesquisa de 6,67% por ano.

Registro Contábil da depreciação

D – Custo/Despesa Operacional (Conta de Resultado)
C – Depreciação Acumulada (Conta Redutora do Ativo Imobilizado)

6.5.4. Taxa anual de depreciação

As tabelas abaixo, com a duração de anos, e as taxas de depreciação, foram extraídas do livro "Contabilidade Rural", 12ª ed., de José Carlos Marion, Editora Atlas e IN RFB 1.700/2017:

Estimativa de duração de construções e melhoramentos

CONSTRUÇÕES E MELHORIAS	DURAÇÃO EM ANOS	TAXA DE DEPRECIAÇÃO
Construções		
Parede de tijolos, coberta de telha	25	4%
Parede de madeira, coberta de telha	15	6,67%
Parede de barro, coberta de telha	10	10%
Parede de barro, coberta de sapé	5	20%
Piso de tijolo, cimentado	25	4%
Melhoramentos		
Linha de força e luz, telefone com postes de madeira	30	3,33%
Linha de força e luz, telefone com postes de ferro ou concreto	50	2%
Cercas de pau-a-pique	10	10%
Cercas de arame	10	10%
Rede de água	10	10%
Cerca elétrica	10	10%

Duração Média de Máquinas e Equipamentos

ITENS	DURAÇÃO EM ANOS	TAXA DE DEPRECIAÇÃO
Tratores		
De roda	10	10%
De esteira	10	10%
Microtrator	7	14,28%
Veículos		
Caminhão	5	20%

ITENS	DURAÇÃO EM ANOS	TAXA DE DEPRECIAÇÃO
Carroça	10	10%
Carro de bois	10	10%
Carreta de trator	15	6,67%
Implementos		
Ancinho	12	8,33%
Arado de discos e aiveca	15	6,67%
Grade de discos	15	6,67%
Carreta com pneus	15	6,67%
Semeadeira de linhas	15	6,67%
Semeadeira de grãos miúdos	20	5%
Cultivador	12	8,33%
Plaina	15	6,67%
Colhedora de algodão	8	12,5%
Colhedora de milho	10	10%
Combinada automotriz	10	10%
Combinada rebocada	10	10%
Grade de dentes e de molas	20	5%
Colhedeira de forragens	10	10%
Ceifadeira	12	8,33%
Plantadeira	10	10%
Bico de pato	5	20%
Máquina de café	10	10%
Máquina de debulhar milho	10	10%
Desintegrador	20	5%
Picadeira de forragem	15	6,67%
Motores elétricos	15	6,67%

6 – Atividade Agrícola

ITENS	DURAÇÃO EM ANOS	TAXA DE DEPRECIAÇÃO
Serraria	20	5%
Pulverizador	10	10%
Ensiladeira	7	14,28%
Polvilhaderia	10	10%
Ordenhadeira	10	10%
Carrinho de terreiro	8	12,5%
Roçadeira	10	10%
Encerado	6	16,67%
Secador de cereais	10	10%
Saco de colheita	3	33,33%
Adubadeira	8	12,5%
Jacá	2	5%
Riscador	6	16,67%
Rodo	2	50%
Arreio	6	16,67%

CULTURA PERMANENTE	DURAÇÃO EM ANOS	TAXA DE DEPRECIAÇÃO
Amoreira (bicho da seda)	20	5%
Banana	8	12,5%
Café	20	5%
Chá	20	5%
Figo	17	5,88%
Laranja	15	6,67%
Maracujá	5	20%
Pastagem formada (artificial) – **exaustão**	5	20%
Pêssego	17	5,88%
Uva	20	5%
Cana-de-açúcar – **exaustão**	5	20%

Animais Vivos	DURAÇÃO EM ANOS	TAXA DE DEPRECIAÇÃO
ANIMAIS VIVOS DAS ESPÉCIES CAVALAR, ASININA E MUAR	5	20%
ANIMAIS VIVOS DA ESPÉCIE BOVINA	5	20%
ANIMAIS VIVOS DA ESPÉCIE SUÍNA	5	20%
ANIMAIS VIVOS DAS ESPÉCIES OVINA E CAPRINA	5	20%
GALOS, GALINHAS, PATOS, GANSOS, PERUS, PERUAS E GALINHAS-D'ANGOLA (PINTADAS), DAS ESPÉCIES DOMÉSTICAS, VIVOS	2	50%

Relação estimada entre a vida útil esperada e uso pelo tipo de máquina

	TRATOR		MÁQUINA PARA ARAÇÃO- -VIDA EM		MÁQUINAS PARA PLANTIO		MÁQUINAS PARA COLHEITA	
	HORAS	ANOS	HORAS	ANOS	HORAS	ANOS	HORAS	
0	-	-	-	-	20	1.000	-	-
100	20,0	2.000	15,0	1.500	12	1.200	12,0	1.200
150	16,7	2.500	13,3	2.000	10	1.500	12,0	1.800
200	15,0	3.000	12,0	2.400	8	1.600	11,0	2.200
250	14,0	3.500	10,5	2.600	7	1.750	10,0	2.500
300	14,0	4.200	9,0	2.700	6	1.800	9,0	2.700
400	12,5	5.000	7,0	2.800	5	2.000	7,0	2.800
500	12,0	6.000	6,0	3.000	4	2.000	6,0	3.000
600	12,0	7.200	6,0	3.600	-	-	5,0	3.000
800	11,0	8.800	5,0	4.000	-	-	4,0	3.200
1.000	10,0	10.000	4,0	4.000	-	-	4,0	4.000
1.400	7,5	10.500	-	-	-	-	-	-
1.800	6,0	11.000	-	-	-	-	-	-
2.200	5,0	11.500	-	-	-	-	-	-

Fonte: PEARSONS, Merton S. et al. Farm machinery; depreciation, and repiacernent. Mao 1960.3186 – Bibliotheca IE.A.

6.5.5. Tratores, máquinas e implementos agrícolas

A depreciação de tratores, máquinas e implementos agrícolas é um caso especial, pois, em sendo aplicada a taxa normal anual, mais precisamente a adotada pela legislação do Imposto de Renda, pode não espelhar a realidade desse veículo e equipamentos, pois não traduz o desgaste incorrido durante a sua vida útil.

A legislação do Imposto de Renda determina que a taxa de depreciação de máquinas e aparelhos de uso agrícola das posições 8432, 8433, 8434, 8435 e 8436 é de 10% ao ano e para tratores da posição 8701 é de 25% ao ano.

Dessa forma, calcular a depreciação por horas utilizadas das máquinas e implementos agrícolas e, principalmente, de tratores utilizados na lavoura é a melhor forma de apurar o seu desgaste.

Fórmula para cálculo de horas:

Valor do trator ou das máquinas e implementos agrícolas/Número de horas estimado de trabalho = Depreciação por hora.

Admita-se que o trator utilizado na fazenda tenha sido adquirido por R$ 100.000,00 e o número de horas de trabalho do trator seja de 6.000 horas ao longo de sua vida útil.

$$\frac{R\$ \ 100.000,00}{6.000 \ horas} = R\$ \ 16,67 \ por \ hora$$

Verifica-se que este método, embora espelhe melhor a vida útil do trator, pode ser inferior ao permitido pela legislação do Imposto de Renda que é de 25% ao ano, ou seja, 2,08% ao mês, mas, em termos econômicos, não é a melhor aplicação para executar a depreciação do bem.

6.6. AMORTIZAÇÃO

Amortização: Reservado tecnicamente para os casos de aquisição de direitos sobre empreendimentos de propriedade de terceiros, apropriando-se o custo desses direitos ao longo do período determinado, contratado para a exploração. Exemplo: aquisição de diretos de extração de madeira de florestas pertencente a terceiros, ou de exploração de pomar alheio, por prazo determinado, preço único e prefixado.

Na aquisição de direitos de exploração de culturas ou de florestas de terceiros, os gastos envolvidos nesta transação são registrados em conta do ativo imobilizado e, posteriormente, amortizados no prazo de vigência do contrato.

Exemplo:

Admita-se aquisição de exploração de um pomar de laranjas pelo prazo de 10 anos no valor de R$ 750.000,00 e considerando uma colheita por ano.

R$ 750.000,00/10 anos = R$ 75.000,00 por ano

R$ 75.000,00/12 meses = R$ 6.250,00 por mês

Registro contábil mensal

| D – Despesa com Amortização (Conta de Resultado) |
| D – Amortização Acumulada (Conta Redutora do Ativo Imobilizado) |

6.7. EXAUSTÃO

Segundo o **Dicionário de Termos de Contabilidade**, de Sérgio de Iudícibus e José Carlos Marion, Editora Atlas:

Exaustro. Amortização aplicada somente aos recursos naturais exauríveis. Quando se trata de floresta própria (ou vegetação em geral), o custo de sua aquisição ou formação (excluído o solo) será objeto de quotas de exaustão, à medida que seus recursos forem exauridos (esgotados). Aqui, não se tem a extração de frutos, mas a própria árvore é ceifada, cortada ou extraída do solo, Corresponde à perda do valor, decorrente de sua exploração, de direitos cujo objeto seja recursos minerais ou florestais, ou bem aplicados nessa exploração.

6.7.1. Exaustão segundo o PN CST nº 18/1979

Exaustão: Quando se trata de floresta própria, o custo de aquisição ou formação será objeto de quotas de exaustão, medida e na proporção em que os seus recursos forem sendo exauridos. Também será exaustão quando a floresta for de terceiros, mas é explorada em função de contrato por prazo indeterminado.

6 – Atividade Agrícola

Ao aplicar o cálculo da exaustão exposto ao final da extração dos últimos recursos, tem-se baixado do ativo o valor total pertinente a essa floresta, o qual terá sido distribuído como custo pelos diversos exercícios sociais em que a empresa promoveu a extração ou utilização dos recursos, na exata proporção da parcela extraída ou utilizada em cada período.

6.7.2. Cálculo da quota de exaustão dos recursos florestais

Para o cálculo do valor da quota de exaustão, deve ser observado o seguinte critério:

a) inicialmente, deve-se apurar o percentual que o volume dos recursos florestais utilizados ou a quantidade de árvores extraídas, durante o período de apuração, representa em relação ao volume ou à quantidade de árvores que no início do período de apuração compunham a floresta;

b) o percentual encontrado deverá ser aplicado sobre o valor contábil da floresta, registrado no Ativo, e o resultado será considerado como custo dos recursos florestais extraídos.

6.7.3. Periodicidade na contabilização

Nas empresas industriais, a manutenção de sistema de contabilidade de custos integrado e coordenado com o restante da escrituração exige que os encargos de exaustão dos bens empregados na produção sejam contabilizados mensalmente. Método aplicado também nas empresas agropecuárias.

As pessoas jurídicas não enquadradas nessa hipótese:

a) caso submetidas à apuração trimestral do lucro real, poderão contabilizar o encargo mensalmente ou no encerramento de cada trimestre de apuração do lucro real;

b) caso tenham optado pelo pagamento mensal do Imposto de Renda por estimativa, poderão contabilizar o encargo:

b.1) mensalmente;

b.2) no encerramento do período de apuração do lucro real, em 31 de dezembro ou por ocasião de incorporação, fusão, cisão ou encerramento de atividades; ou

b.3) por ocasião do levantamento de balanços ou balancetes de suspensão ou redução do pagamento do imposto mensal.

6.7.4. Verificação do saldo a exaurir

Antes de efetuar o cálculo dos encargos de exaustão do saldo de abertura, deve-se tomar o cuidado de verificar se não existem bens que já estejam totalmente exauridos ou exauridos em montante que já não permita mais aplicar integralmente a taxa anual, hipótese em que esta deverá ser ajustada ao saldo exaurível.

Por essa razão, a empresa precisa manter controles adequados que permitam comprovar à fiscalização, quando solicitado, que a exaustão acumulada não excede a 100% do custo de aquisição dos bens (corrigido monetariamente até 31.12.1995, quando se tratar de bens adquiridos até essa data).

6.7.5. Exemplo

Suponhamos que a empresa ABC plantou 25.000 árvores, ao custo de R$ 4.000,00, para vendê-las após a extração.

Pelo registro do custo do plantio das árvores:

D – Recursos Florestais (Imobilizado)
C – Bancos Conta Movimento (Ativo Circulante) R$ 4.000,00

6.7.5.1. Cálculo e contabilização dos encargos de exaustão

Dando continuidade ao desenvolvimento do exemplo, vamos considerar que a hipotética empresa registre mensalmente os encargos de exaustão, e que, em determinado mês, esta tenha extraído 5.000 árvores.

Neste caso, o cálculo dos encargos de exaustão seria assim efetuado: 5.000 (árvores extraídas) ÷ 25.000 (árvores que compõem a floresta) = 20% (taxa de exaustão em junho/20X1).

R$ 4.000,00 (custo das árvores) x 20% = R$ 800,00 (valor do encargo de exaustão)

O registro contábil dos encargos de exaustão apurados naquele mês seria, por sua vez, assim efetuado:

Pelo registro do encargo de exaustão:

| D – Exaustão de Recursos Florestais (Conta de Resultado) |
| C – Exaustão Acumulada (Conta Redutora do Imobilizado) R$ 800,00 |

6.7.6. O caso da cana-de-açúcar

O custo de formação de plantações de espécies vegetais que não se extinguem com o primeiro corte, mas que permitem cortes adicionais deve ser objeto de quotas de exaustão, e não de depreciação. Os custos necessários para a formação da cultura da cana-de-açúcar serão registrados no ativo imobilizado dentro do Ativo Não Circulante, ao passo que os gastos relativos à manutenção dessa cultura devem ser incorporados ao ativo circulante.

Considerando que em um canavial pode ser extraído, em média, cinco cortes de cana-de-açúcar, a quota de exaustão poderá chegar a 25% ao ano.

Exemplo:

Admitindo-se um canavial com 800 hectares de extração de cana-de-açúcar frente ao um total de 1.850 hectares plantados.

$$\frac{800}{1.850} = 43,24\%$$

6.7.7. Pastagens

As pastagens, mesmo as artificiais, por serem tratadas como uma cultura e que não se extinguem com o primeiro corte, mas permitem cortes adicionais, devem ser objeto de exaustão.

6.8. O CUSTO DOS ESTOQUES

O valor a ser atribuído aos estoques de produtos em elaboração e acabados é, basicamente, o de custo de produção, como no caso de qualquer indústria de bens. (Há a possibilidade e, às vezes, até o costume, em alguns poucos segmentos, de se atribuir aos estoques o valor de mercado).

Esses custos abrangem a mão de obra (direta e indireta, além dos encargos sociais) da colheita, do transporte e de tudo o que for necessário para colocar o produto em condições de venda (secagem, limpeza, descascamento, embalamento etc.).

Assim, um dos custos mais importantes e, muitas vezes, o maior deles, é o relativo à depreciação ou à exaustão da plantação.

Nessas culturas permanentes, a depreciação pode assumir, de fato, valores muito grandes, o que exige um tratamento bastante cuidadoso e criterioso para seu cálculo.

Qualquer tratamento inadequado, às pressas ou baseado em cálculo em que não se tenha feito um estudo da vida útil econômica da cultura, da sua curva de produtividade e do potencial todo da produção, poderá redundar numa depreciação que vai distorcer o custo de produção de cada ano e, consequentemente, o resultado de cada exercício. Por isso, deve-se dar toda a atenção ao cálculo desse custo.

6.8.1. O problema da primeira colheita

Uma das grandes dificuldades na apuração do custo de produção reside no cálculo da primeira colheita.

A dúvida reside no seguinte: deve todo o gasto até a primeira colheita ser considerado como custo de formação do imobilizado a ser depreciado a partir dessa primeira safra ou deve uma parte da formação da plantação ser considerada como custo de produção da primeira safra?

Para simplificar o entendimento, admitamos o seguinte: a cana-de-açúcar plantada em 20X0 dará seu primeiro corte em 20X2,

6 – Atividade Agrícola

indo sua produção até 20X6 (5 anos de produção, neste exemplo). Admite-se que o volume de produção não será significativamente diferenciado durante os 5 anos, de tal forma que a sua exaustão deverá ser apropriada igualmente às 5 safras.

A empresa deve considerar todos os gastos incorridos com a plantação até imediatamente antes da safra como custo do imobilizado, ou deverão alguns gastos de 20X2 e talvez até de 20X1 ser considerados como custo da safra de 20X2 (Estamos admitindo que o exercício social da empresa se encerre em 31 de dezembro.).

O ponto-chave está na definição de quando termina o gasto com a imobilização e a partir de quando começa o relativo ao custo da próxima safra. Se imobilizarmos todos os gastos com a plantação até imediatamente antes da primeira cultura, teremos o seguinte: o custo dessa primeira safra compreenderá todo o custo do corte (pessoal, equipamentos, combustíveis etc.) e do transporte e uma exaustão equivalente a 20% do valor do imobilizado. Mas, logo a seguir, serão necessários gastos com adubação, tratamento orgânico e químico, limpeza e outros para a preparação da próxima safra. Como esses gastos existirão todos os anos e servirão para a obtenção da produção seguinte, eles deverão ser considerados como custos dessa próxima safra. Assim, não serão imobilizados, mesmo porque não estarão mais agregando valor à cultura permanente já existente, pois viabilizarão tão somente a próxima colheita e irão, isso sim, para o Ativo Circulante na forma de custos relativos à produção em andamento.

Desta forma, o custo da segunda safra será exatamente igual ao da primeira, com o acréscimo desses custos comentados no parágrafo anterior. E, assim, sucessivamente.

Com isso, teremos a seguinte situação: o custo da primeira safra será o menor de todos, uma vez que não terá recebido os gastos com sua preparação que terão sido imobilizados. Com esse procedimento, os gastos que se referem à preparação da primeira colheita acabarão por ser atribuídos aos custos da produção das próximas 4 quatro colheitas. Daí vemos, então, que a empresa deve proceder diferentemente.

6.8.2. Separação dos gastos com imobilização e com a primeira safra

A empresa deverá procurar no ano anterior à primeira safra, segregar de seus gastos quais são aqueles que dizem respeito à próxima (e primeira) produção e que existirão em cada ano seguinte, repetindo-se como preparação à colheita posterior. E todos esses gastos não deverão ser considerados como custo da plantação permanente, e sim como custo da formação dessa safra, ou seja, deverão ir para "Produtos em Formação" ou "Produção em Andamento" no Ativo Circulante.

Procedendo dessa forma (o que nem sempre é muito fácil de ser conseguido), a empresa terá, então, um custo para a primeira safra mais realista, bem como um custo também mais correto para as produções seguintes.

A dificuldade não deve ser empecilho para o esforço dessa separação, a ser feita, obviamente, com a colaboração dos agrônomos e técnicos que saberão muito bem diferenciar o que é custo da formação da cultura, segregando-o da formação da primeira safra. Afinal, aquele ocorre uma única vez, e este ocorre a cada ano (na hipótese de a produção ser anual, deve-se lembrar que, em certos florestamentos, a produção é a cada 2 ou 3 anos).

No caso do café, por exemplo, o problema é exatamente o mesmo. Uma série de produtos químicos e/ou orgânicos é gasta ao redor do terceiro ano, ainda com a plantação em formação, mas dirigida unicamente à primeira colheita. Logo, esse gasto e outros com o mesmo objetivo devem já ser incorporados ao custo dessa primeira produção. Os que são para a formação da árvore propriamente dita é que deverão ser imobilizados.

O profissional deve lembrar-se de que existe, entre os princípios de contabilidade, o da materialidade, em que se estipula que o rigor deve ser exercido desde que os valores envolvidos o requeiram. Para o caso de gastos mínimos, cujo tratamento praticamente em nada altera o patrimônio ou o resultado da empresa, deve-se dar o registro contábil que for considerado mais simples, de preferência, se possível, o de consideração como gasto de período ou de produção (nessa ordem de sequência), e só em último caso o de imobilização. (Note-se como essa regra da relevância está associada à do conservadorismo ou à prudência.).

6.9. Planilha de Cálculo de Custo Agrícola

MÊS	01	02	03
1- CUSTO VARIÁVEL			
1.1 CUSTEIO DA LAVOURA			
Operação com máquinas e implementos agrícolas			
Mão de obra e encargos sociais			
Sementes			
Fertilizantes			
Agrotóxicos			
Custo com irrigação			
Administrativas			
Outros custos			
1.2 DESPESAS PÓS-COLHEITA			
Transporte externo			
Assistência técnica e extensão rural			
Armazenagem			
Despesas administrativas			
Outros despesas			
1.3 DESPESAS FINANCEIRAS			
Seguro			
Juros			
2- CUSTO FIXO			
2.1 – DEPRECIAÇÕES e EXAUSTÃO			
Depreciação de benfeitorias e instalações			
Depreciação de máquinas			
Depreciação de implementos agrícolas			
Exaustão do cultivo			
2.2 – OUTROS CUSTOS FIXOS			
Mão de obra e encargos sociais			
Seguro do capital fixo			
3 – CUSTO OPERACIONAL (1 + 2)			
3.1- RENDA DE FATORES			
Remuneração esperada sobre capital fixo			
Terra			
4 – CUSTO TOTAL (3 + 3.1)			

Capital – Pode ser material, financeiro, humano e intelectual. Esta separação do capital intelectual e humano visa esclarecer a diferença entre a pessoa física e a capacidade racional do homem. Exemplo: máquinas, equipamentos, instalações.

Terra – Não é apenas o solo, o que é arável, mas todos os fatores naturais de produção, ou seja, além do solo, incluindo o subsolo, capacidade do mar, cursos de água, vento, luz solar, entre outros.

7
CONTABILIDADE PECUÁRIA

A contabilidade, assim como outras ciências, pode ser dividida em ramos de atividade para atender às necessidades acadêmicas ou profissionais.

Um dos ramos da contabilidade que hoje em dia tem obtido grande notoriedade é a Contabilidade Rural. Isso se deve a vários fatores. Entre eles, a nossa vocação histórica para a atividade rural. Contudo, alguns fatores recentes têm propiciado um crescimento maior do setor. Um deles é a busca por fontes de energia limpa e renovável (biodiesel, biomassa, etanol etc.).

Podemos conceituar as entidades rurais como aquelas que exploram a capacidade produtiva do solo ou da água, mediante extração vegetal, o cultivo da terra ou da água (hidroponia) e a criação de animais.

Também podemos conceituar as entidades agrícolas como aquelas que se destinam à produção de bens, mediante o plantio, manutenção ou tratos culturais, colheita e comercialização de produtos agrícolas.

E, por fim, conceituamos as entidades pecuárias como aquelas que se dedicam à cria, recria e engorda de animais para fins comerciais.

Vale lembrar que se aplicam às entidades rurais os Princípios de Contabilidade, bem como as Normas Brasileiras de Contabilidade e suas Interpretações Técnicas e Comunicados Técnicos, editados pelo Conselho Federal de Contabilidade.

Vale lembrar que em razão do ciclo de produção, o exercício social das entidades rurais é aquele estabelecido no seu instrumento societário, como a conveniência da atividade e, na ausência dele, no ano-calendário.

A escrituração contábil das entidades rurais é obrigatória, devendo as receitas, custos e despesas ser contabilizados mensalmente.

Por sua vez, os registros contábeis devem evidenciar as contas de receitas, custos e despesas, segregadas por tipo de atividades.

As atividades das entidades pecuárias alcançam desde a inseminação, ou nascimento, ou compra, até a comercialização, dividindo-se em:

a) cria e recria de animais para comercialização de matrizes;
b) cria, recria ou compra de animais para engorda e comercialização; e
c) cria, recria ou compra de animais para comercialização de seus produtos derivados, tais como: leites, ovos, mel, sêmen etc.

E o ciclo operacional é o período compreendido desde a inseminação, ou nascimento, ou compra, até a comercialização.

7.1. INTRODUÇÃO

No Brasil, como no resto do mundo, em termos de Contabilidade da Pecuária, há basicamente 2 tipos de avaliação do estoque vivo (plantel): valores de custo e valores de mercado.

Na atividade de criação de animais, tendo em vista a apuração dos resultados periódicos, o rebanho deve ser inventariado. No encerramento do balanço em cada período de apuração, todo o rebanho existente deverá figurar no respectivo inventário da seguinte forma (Parecer Normativo CST nº 511/1970, Parecer Normativo CST nº 57/1976 e Parecer Normativo CST nº 7/1982):

a) pelo preço real de custo, quando a contabilidade tiver condições de evidenciá-lo; ou

b) em caso contrário, poderá ser inventariado (avaliado) pelo preço corrente no mercado na data do balanço.

Neste procedimento, temos como objetivo básico a interpretação e a análise destes 2 tipos de avaliação que poderíamos até tratar como duas modalidades contábeis. Abordaremos a qualidade dos Relatórios Contábeis quando elaborados mediante uma metodologia ou de outra e os efeitos na política de dividendos e no Imposto de Renda.

Portanto, com base na teoria contábil e na nossa legislação, apresentaremos estes 2 métodos por meio de exemplos, mostrando, de forma simples e objetiva, seus efeitos fiscais e gerenciais.

A utilização do Método de Custo na Empresa Rural assemelha-se ao tratamento dado à indústria, visto que todos os custos de formação do rebanho são acumulados ao plantel e figuram com destaque no Estoque.

Dependendo da atividade do empreendimento (cria, recria ou engorda, ou as 3 atividades conjugadas), o período de apuração do lucro pode variar, já que só por ocasião da venda é que se apurará o resultado, procedendo-se, assim, à baixa no estoque e debitando-se a conta de resultado "Custo do Gado Vendido".

Graças à sua peculiaridade, a receita proveniente da venda de reprodutores ou matrizes, bem como do rebanho de renda, será admitida como atividade própria das pessoas jurídicas que se dediquem à criação de animais. O resultado dessa operação, qualquer que seja o seu montante, será considerado como operacional da atividade rural.

Não se tem a intenção de esgotar o assunto enfocado neste procedimento, pois isso seria praticamente impossível. Pretendemos, tão somente, oferecer uma modesta contribuição a fim de despertar o interesse dos profissionais participantes desta área, para que surjam debates sobre a contabilidade pecuária, assunto que, apesar de sua importância, é ainda desprovido de material bibliográfico suficiente.

Para melhor dimensionar o nosso texto, proporemos, inicialmente, algumas condições de uma atividade pecuária bovina.

7.1.1. Sistema de produção

7.1.1.1. Sistema de produção extensivo

O sistema extensivo é aquele em que o animal é produzido em grandes extensões de terras, com a ausência de suplementação alimentar ou cuidados zootécnicos ou veterinários constantes, e cuja alimentação é basicamente pastagem natural, ou seja, criados e engordados em pastos nativos, como por exemplo, o cerrado e o capim natural.

7.1.1.2. Sistema de produção intensivo

No sistema intensivo, ocorre o contrário do sistema extensivo, onde há uma menor quantidade de terra. Os pastos não são nativos, há um grande investimento na produção de pastagens. Os veterinários e zootécnicos acompanham constantemente o gado, além da pastagem normal, há a suplementação alimentar, forragem, ração, sal etc.

7.1.1.2.1. Sistema de produção intensivo a pasto

Podemos definir o sistema de produção intensivo a pasto como aquele em que o pecuarista investe no plantio e manutenção do pasto, oferecendo um capim de melhor quantidade e complementa com a mineralização (sal).

7.1.1.2.2. Sistema de produção intensivo em confinamento

Como o próprio nome sugere, o gado é criado confinado em pequenos espaços para promover a sua engorda, que se alimenta basicamente de ração. Contudo, deve-se esclarecer que o investimento em instalações iniciais para a atividade de confinamento são altos. E qualquer complexo de instalações para bovinos confinados deve dispor das seguintes áreas:

a) setor de engorda: incluir o curral, cochos para alimentação, cochos para sal, bebedouros, cercas, porteiras, corredores para trânsito de máquinas, sendo dividido geralmente em piquetes para facilitar o manejo;

b) setor de manejo: engloba os currais de apartação, corredor, balança, embarcadouro;
c) setor de armazenamento e mistura de concentrado: inclui galões que servirão de depósitos para alimentos, garagens para tratores e maquinários agrícolas;
d) setor administrativo: escritórios da propriedade; e
e) setor social: casas dos empregados, colonos etc.

7.2. ATIVIDADES PECUÁRIAS

Há 3 fases distintas, na atividade pecuária de corte, pelas quais o animal que se destina ao abate:

a) *cria* – a atividade básica é a produção de bezerros que só serão vendidos após o desmame. Normalmente, a matriz (em época de boa fertilidade) produz um bezerro por ano;
b) *recria* – a atividade básica é, a partir do bezerro adquirido, a produção e a venda do novilho (garrote) magro para a engorda;
c) *engorda* – a atividade básica é, a partir do novilho magro adquirido, a produção e a venda do novilho gordo.

Existem empresas rurais que, pelo processo de combinação das várias fases, obtêm até 6 alternativas de produção (especializações):

a) cria;
b) cria – recria;
c) cria – recria – engorda;
d) recria;
e) recria – engorda;
f) engorda.

O gado bovino possui uma classificação dentro do balanço patrimonial para haver a devida identificação e diferenciação da parte destinada especificamente à venda, do gado destinado à procriação e o que fica separado para trabalhos dentro da fazenda, sendo que as duas últimas não estão disponíveis para comercialização no momento, não impedindo sua venda no futuro.

Vale destacar que a atividade pecuária pode ser realizada por meio de parcerias, quando o proprietário da terra concorre no negócio com capital fundiário e o capital do exercício, associando-se a um terceiro em forma de parceria. Essa atividade ainda por ser desempenhada por meio arrendamento da terra, de comodato e de condomínio.

Tabela – Classificação quanto às categorias do gado dentro do estoque e do imobilizado

CATEGORIA	DESCRIÇÃO
Bezerro	Ao recém-nascido da vaca denomina-se bezerro(a). Para fins contábeis, denomina-se bezerro(a) de zero a doze meses de idade
Novilha	Por ocasião do desmame, geralmente, o até então bezerro passa a ser denominado novilho, e a bezerra, novilha. Para fins contábeis, considera-se novilha de 13 meses até a primeira parição
Novilho	Estágio do desmame até o abate. Para fins contábeis, considera-se novilho de 13 meses até o abate
Garrote	Macho inteiro desde o desmame até a entrada na reprodução
Vaca	Após a primeira parição, a novilha passa para a categoria de baixa
Touro	A idade para início do trabalho (garrote passa para a categoria de touro) deve ser em torno de dois a três anos e recomenda-se que a permanência no rebanho não ultrapasse a faixa de três a quatro anos. Para fins contábeis, considera-se que o garrote, de 25 a 35 meses, em experimentação, apresentando bom desempenho, passará para a categoria de touro
Boi	Bovino adulto, castro e manso, pode ser empregado nos serviços agrícolas

7.3. GADO PARA CORTE E PARA REPRODUÇÃO

São comuns os produtores rurais destinarem parte do rebanho em formação para a reprodução. Normalmente, em uma atividade bovina de corte, as fêmeas e, às vezes, alguns machos são selecionados e separados para reprodução.

Contudo, a decisão de incorporar ao plantel parte do rebanho nascido na própria empresa (ou mesmo adquirido), com a finalidade de reprodução, só é possível quando o gado demonstrar qualidade para tal: fertilidade, ardor sexual, carcaça, peso etc.

Cabe esclarecer que, em termos contábeis, seria complexo contabilizar o recém-nascido como Ativo Não Circulante, pois muitos não atenderiam aos requisitos necessários para reprodução, só identificáveis no estado adulto, retornando, portanto, ao Ativo Circulante para serem vendidos.

A fim de evitar a transitoriedade entre as contas do Ativo Não Circulante e do Ativo Circulante, aconselha-se manter o plantel em formação, destinado à reprodução, no Ativo Circulante até o período da experimentação. Constatando-se habilidade reprodutiva, aí sim, se classificaria, em definitivo, no Ativo Não Circulante – subgrupo Imobilizado. Caso contrário, permaneceria em estoque até o momento da venda.

7.4. INDICADORES DE CONTROLE E DESEMPENHO

Segundo Valdir F. Barbalho, Anísio C. Pereira e Antonio B. Silva Oliveira, em seu artigo publicado pela Fipecafi sob o título "Indicadores de Controle e Desempenho: Uma Ferramenta de Gestão Direcionada para a Atividade Pecuária Bovina de Corte", a utilização de indicadores é um complemento às demonstrações contábeis no tocante à mensuração do desempenho das atividades de entidades pecuárias. Em alguns casos, pode ser até uma alternativa de gestão, principalmente para aqueles pecuaristas que ainda não utilizam as informações contábeis de forma sistemática. Normalmente, esses indicadores são calculados de acordo com números ou dados que não são captados no balanço ou na DRE, assim, podem ser calculados a partir de um bom controle de estoque físico e de algumas anotações feitas no campo.

A adoção dos indicadores (relação entre duas grandezas, que constatam desvios dos padrões existentes) permite fazer uma comparação com outros produtores e verificar se o desempenho da propriedade está de acordo com a média geral. Os indicadores podem ser financeiros ou não financeiros e, basicamente, atuam na área operacional. Esse tipo de controle é bastante semelhante à filosofia do *Balanced Scorecard* e segue a máxima "o que não é medido não é gerenciado". Dessa forma, a implementação de um sistema de controle por indicadores mostrará ao gestor se os nascimentos estão de acordo com o plantel de vacas, se as mortes estão dentro de um padrão aceitável e se o rendimento de peso dos animais no momento da venda está de acordo com o padrão dos outros fornecedores do frigorífico. Nesse sentido, Marques (2002, p. 134) explica que: o uso de índices na análise do desempenho animal propicia, portanto, meios para se avaliarem as ações de manejo desenvolvidas junto ao rebanho, detectando desvios dos padrões existentes, e servindo de referência para os gestores na adoção de medidas corretivas necessárias.

O gerenciamento por indicadores ou índices aqui sugeridos não é uma proposta nova, mas, pela ampla visão do negócio que proporciona, é bastante útil no processo de gestão. A seguir, são elencados alguns indicadores de controle e desempenho baseados em Marion (2001, p. 34) e Marion, Santos e Segatti (2002, p. 31):

7.4.1. Índice de fertilidade

É a relação do número de fêmeas em cobertura que, após determinado período, ficaram prenhas, ou seja:

Índice de Fertilidade =	n° de fêmeas prenhas
	n° de fêmeas em cobertura

Esse índice demonstra o percentual de fêmeas que ficaram prenhas após a cobertura ou estação de monta. Esse processo determina se uma fêmea será descartada ou não do plantel.

Alguns pecuaristas adotam a seguinte premissa: quando a fêmea é coberta uma vez e não emprenhou, ela terá uma segunda chance e, após, em caso negativo, será descartada. Quando esse indicador foge da normalidade, o plantel de vacas merecerá uma maior investigação para ver a causa.

7.4.2. Índice de natalidade

É a relação do número de bezerros nascidos vivos em um determinado período pelas matrizes em produção.

Índice de Natalidade =	bezerros nascidos
	matrizes em reprodução

Esse índice demonstra a relação dos animais nascidos como o número de fêmeas prenhas. A unidade de produção fazendo um bom manejo poderá obter boas taxas (média de 70% a 80%).

7.4.3. Índice de mortalidade

Relação dos animais mortos por acidentes, doenças ou outras causas, exceto abate, sobre o total do plantel de mesma raça.

Índice de Mortalidade =	n° de animais mortos
	total do rebanho (plantel)

O gestor ou contabilista, no momento de calcular esse índice, pode optar também por somar os animais desaparecidos ou roubados. Esse indicador é importante para o pecuarista, visto que sinaliza se há algo de errado com o rebanho ou se está havendo desaparecimento de animais, que podem ser vítimas de predadores naturais ou não.

A separação entre animais mortos ou desaparecidos se dá pelo encontro da carcaça, isso é, quando um animal é morto por picada de animais peçonhentos, por doenças etc., o corpo aparecerá; em caso de desaparecimento, não. Uma forma de controle adotada é pela brincagem (brinco que possui um número e dados sobre o animal).

7.4.4. Índice de descartes

Demonstra o percentual de animais que eram matrizes ou reprodutores e foram vendidos ou sacrificados.

Índice de Descartes =	n° de animais descartados
	total do rebanho (plantel)

Esse indicador mostra o número de multiplicadores (touros e vacas) que deixaram o plantel em função da baixa produtividade, idade avançada, morte ou outros motivos.

7.4.5. Índice de rendimento

Consiste na relação entre o peso carcaça (peso-morto) e o peso total do animal vivo, isso é, antes de ser abatido, ou seja:

Índice de Rendimento =	peso da carcaça (peso morto)
	peso vivo no abate

O índice acima mede a produtividade de carne do animal. O peso morto é o peso do animal após ser abatido e limpo, e quanto maior o peso da carcaça, mais numerário o fazendeiro irá receber. No momento da venda, é importante o pecuarista estar atento a esse indicador, pois o comprador pode, no momento da desossa, tratar a carne como miúdos e pagar menos do que o direito do pecuarista.

7.4.6. Taxa de desfrute

Esse indicador mostra a capacidade do rebanho gerar excedente para a venda (abate).

Taxa de Desfrute =	total de animais abatidos
	total do rebanho (plantel)

O plantel deve se manter em um nível médio, isto é, à medida que se abate um animal, deve ser produzido (nascer) outro para substituí-lo.

7.4.7. Relação vaca/touro

Essa relação é necessária para não haver desproporção e, consequentemente, excesso de matrizes ou touros. Esse indicador está em função da raça e da região do país.

Relação de Vaca/Touro =	nº de matrizes no rebanho
	nº de touros no rebanho

A relação entre vaca e touro no Brasil é de 25 a 30 vacas para cada touro, porém, esse número pode ser aumentado em função de alguns fatores, como alimentação, qualidade do touro etc.

7.4.8. Taxa de densidade

Avalia o rendimento dos animais com relação à área.

Taxa de Densidade =	nº de cabeças no pasto
	hectares destinados para pasto

É uma forma de avaliar o rendimento dos animais com relação às áreas de pasto. Se há uma grande concentração de animais em uma área, pode acontecer de gerar uma baixa produtividade por falta de alimentação e doenças e, no caso inverso, têm-se terras ociosas. No sistema intensivo de produção, é necessário menos de um hectare para a criação de uma unidade animal e, no sistema extensivo, são necessários cinco hectares. Esse indicador deve ser associado ao tempo que o animal demanda para alcançar o peso para abate.

7.4.9. Taxa de crescimento do rebanho

Avalia o crescimento do rebanho em determinado período.

Taxa de Crescimento do Rebanho =	nº de cabeças no final do período
	nº de cabeças no início do período

Essa taxa associada à taxa de desfrute dará uma ideia exata de como o patrimônio do pecuarista está se comportando.

7.4.10. Índice de desmame

Indica quanto dos animais nascidos vivos foram desmamados.

Índice de Desmame =	nº de bezerros desmamados
	nº de bezerros nascidos vivos

O índice dá uma boa ideia da produtividade dos animais, pois quanto mais precoce ele desmama, mais cedo a vaca pode emprenhar.

Esses são alguns dos indicadores que podem auxiliar o gestor rural na administração do negócio. Existem outros indicadores, como produção de carnes por hectare, vida útil das matrizes e reprodutores etc. e também financeiros, que podem ser obtidos na Demonstração de Resultados do Exercício, tais como: Margem de Contribuição, Índices de Liquidez, Endividamento, Liquidez etc. Se analisados com a evolução histórica e com os dados gerais do setor e aliados a outras informações, como o volume de investimentos, os inventários, a origem dos recursos, os preços praticados, entre outros dados, devem auxiliar de modo ímpar no sucesso do empreendimento.

A Contabilidade, por ser um dos maiores bancos de dados dentro de uma organização, pode fornecer a informação necessária e no tempo adequado, restando saber que informação é importante e útil naquele momento, o que é sanado com a formação da parceria gestor/contador.

7.5. AVALIA3ΓO DO REBANHO AO CUSTO HISTΥRICO

Os ativos são incorporados à entidade pelo valor de aquisição ou pelo custo de produção.

Alguns aspectos do Custo Histórico são evidenciados para justificar o uso deste princípio:

a) objetividade – o Custo Histórico é uma medida impessoal, isto é, não depende de quem esteja avaliando os Ativos;

b) verificabilidade – como decorrência do aspecto anterior, qualquer valor do Ativo – por meio de exame, a qualquer tempo e por qualquer pessoa – poderá ser verificável, constatando-se aquele mesmo valor;

c) realização do lucro – mediante esse princípio, reconhece-se somente o lucro realizado por negociação (venda).

Podemos verificar na prática que esse método é muito utilizado recomendado entre os profissionais contábeis em razão de sua forma clara e objetiva.

Em períodos inflacionários, é importante observar que o Custo Histórico dos ativos, à medida que o tempo passa, se distanciam dos seus valores correntes de mercado. Dessa forma, geralmente, as demonstrações contábeis perdem a potencialidade prospectiva, não refletindo a realidade no momento da evidenciação daquelas demonstrações.

7 – Contabilidade Pecuária

Como já se observou, por meio do Custo Histórico, obtém-se somente o Lucro Realizado, não sendo reconhecidos os ganhos ou as perdas pela estocagem dos Ativos. Reconhece-se a Receita apenas no momento da venda (transferência) para o cliente.

Planilha de Controle de Animais

EMPRESA/PROPRIEDADE										
PERÍODO		ENTRADAS				SAÍDAS				
GADO/ CATEGORIA CONTROLE FÍSICO	SALDO INICIAL	NASCIMENTO	COMPRA	TRANSF.	MUDANÇA/ERA	MORTES	VENDAS	TRANSF.	MUDANÇA/ERA	SALDO FINAL
Machos										
Touros										
Bois > 36 meses										
Garrotes 24/36 meses										
Garrotes 12/24 meses										
Bezerros										
Fêmeas										
Vacas										
Novilhas > 36 meses										
Novilhas 24/36 meses										

PERÍODO	ENTRADAS					SAÍDAS				
GADO/ CATEGORIA CONTROLE FÍSICO	SALDO INICIAL	NASCIMENTO	COMPRA	TRANSF.	MUDANÇA/ERA	MORTES	VENDAS	TRANSF.	MUDANÇA/ERA	SALDO FINAL
Novilhas 12/24 meses										
Bezerras										
Total										

A tabela de unidade padrão animal na pecuária é um instrumento útil para o rateio dos custos indiretos, havendo apropriação aos animais em relação ao seu índice (Unidade Padrão Animal), onerando aos que demandaram maior proporção dos insumos. Também é utilizada para detectar o grau de ocupação dos pastos, identificando se há ociosidade. Pode-se fazer uma relação deste índice com a área de pastagem disponível, detectando tendências de ineficiência nos fatores de produção no futuro, inter-relacionando à previsão do fluxo de nascimentos, compras e vendas previstos no período.

Em resumo, para facilitar o cálculo da lotação de animais por hectare, bem como o rateio dos custos indiretos, os animais de categorias diferentes são transformados em unidade padrão animal. Uma unidade padrão animal corresponde a 450 kg de peso vivo. Como exemplo, temos: um bovino de 380 kg de peso corresponde a 0,84 U.A, divisão de 380 kg por 450 kg.

Essa classificação pode variar em função da região e da raça do animal, dentre outros fatores.

O argumento pela utilização do Custo Histórico, neste caso, é a de que a avaliação a preço corrente de reposição, que propiciaria a apuração de ganhos ou perdas na estocagem, poderia trazer aparentemente prejuízos à objetividade, pois deveria recorrer a dados externos à empresa relativos a preços de mercado, além de reconhecer a receita sem a entrada de caixa ou direito ao recebimento de dinheiro.

7 – Contabilidade Pecuária

A utilização do custo histórico, basicamente, consiste em apropriar ao rebanho todos os custos ocorridos e a eles pertinentes. Periodicamente, deve-se efetuar a distribuição proporcional entre todas as cabeças do rebanho. Ela difere, em alguns aspectos, de empresa para empresa. Há aqueles que preferem, no momento do rateio por cabeça do rebanho, incluir os bezerros a nascer; outros, na distribuição dos custos, consideram apenas os bezerros nascidos.

7.5.1. Dados para o exemplo (custo histórico)

A empresa rural Bastense, recém-constituída, adquire, no início do ano 20X1, 100 matrizes controladas por R$ 1.000,00 cada e 5 touros por R$ 2.000,00 cada, para desenvolver atividade bovina de corte (cria-recria-engorda), sendo que as fêmeas produzidas na empresa rural seriam incorporadas ao Ativo Não Circulante, após um período de experimentação, no 3º ano.

Tabela 5 – Balanço Patrimonial em 1º.01.20X1

BALANÇO PATRIMONIAL 1º.01.20X1 (OU 31.12.20X0)	
Ativo	
Circulante	
Não Circulante	
Realizável a Longo Prazo	
Imobilizado	
- Reprodutores	R$ 10.000,00
- Matrizes	R$ 100.000,00
	R$ 110.000,00

Depreciação:

a) Gado Reprodutor: 8 anos;
b) Gado Matriz: 10 anos.

Diversos aspectos devem ser levados em conta na previsão de vida útil de gado reprodutor como, por exemplo, a raça, as condições de vida do animal (clima, distâncias a percorrer etc.) e outros devendo, em cada caso, prevalecer o parecer técnico do veterinário. Em nosso exemplo, consideramos os prazos de vida útil usualmente admitidos para gado reprodutor e matriz puros.

7.5.1.1. Ano de 20X1

Durante o ano 20X1, observamos os seguintes fatos:

a) nascem 80 bezerros, sendo 40 machos e 40 fêmeas;

b) o custo com o rebanho do período foi de R$ 12.000,00, incluindo a manutenção do rebanho de reprodução e depreciação, exaustão da pastagem e conservação, salários de pessoal da propriedade rural, veterinário, medicamentos, sal, rações (custo do rebanho em formação e outros custos da propriedade). Neste caso, o leite produzido pela matriz foi tratado como recuperação de custo, reduzindo o total do custo do rebanho.

7.5.1.1.1. Rateio do custo do rebanho em formação

Evidentemente que os touros e matrizes não receberão custos, mas só o rebanho em estoque, que, neste caso, totaliza 80 bezerros nascidos: R$ 12.000,00 ÷ 80 = R$ 150,00 (custo unitário)/ano.

Exemplo de contabilização (1)

Exemplos de contabilização extraídos do IOB **Online** Regulatório, Editora IOB, 2011.

Segue o Balanço Patrimonial comparativo do início e do fim de 20X1:

7 – Contabilidade Pecuária   117

Tabela 6 – Balanço Patrimonial – Comparativo

BALANÇO PATRIMONIAL		
Ativo	1º.01.20X1	31.12.20X1
Circulante		
————	————	————
————	————	————
Estoques		
Bezerros de 0 a 8 meses	0	6.000,00
Bezerras de 0 a 8 meses	0	6.000,00
		12.000,00
Não Circulante		
Imobilizado		
Reprodutores	10.000,00	10.000,00
(-) Depreciação Acumulada		(1.250,00)
Matrizes	100.000,00	100.000,00
(-) Depreciação Acumulada	————	(10.000,00)
	110.000,00	98.750,00

Observação: lembrar que os reprodutores estão sendo depreciados em 8 anos e as matrizes, em 10 anos.

7.5.1.2. Ano de 20X2

Durante o ano 20X2, ocorrem os seguintes fatos:

a) nascem novamente 80 bezerros, sendo 40 machos e 40 fêmeas (estamos admitindo uma taxa de natalidade de 80%);

b) o custo do rebanho em formação foi de R$ 25.600,00.

7.5.1.2.1. Rateio do custo do rebanho em formação

O rebanho em estoque, neste momento, é de 160 cabeças = 80 cabeças de 20X1 + 80 cabeças de 20X2, ou seja, R$ 25.600,00 ÷ 160 cabeças = R$ 160,00 por cabeça.

80 cabeças* de 20X1 = 12.000,00 + (80 x 160,00) = 24.800,00
80 cabeças de 20X2 = (bezerro/as) = (80 x 160,00) = 12.800,00
37.600,00

(*) Em 20X2, passam para a categoria de Novilhos(as).

Uma questão que poderia surgir, neste momento, é se é adequado atribuir certos custos, tais como Depreciação e Manutenção dos Reprodutores, a todo o rebanho (inclusive aos novilhos), em vez de somente aos bezerros nascidos no ano.

Estamos considerando custos médios, ou seja, o rebanho em formação recebe todos os custos, inclusive os já citados, admitindo-se que o rebanho só será vendido após a engorda; o custo é distribuído proporcionalmente ao longo dos vários lotes nascidos na própria empresa. Assim, em cada rateio, cada lote recebe uma parcela dos custos referentes à reprodução.

Todavia, nada impede, e em certas situações é até recomendável (principalmente quando se vende o gado em estágio intermediário), que o custo originado na reprodução seja atribuído única e exclusivamente aos bezerros. Nesse caso, 2 cuidados deveriam ser tomados:

a) a separação dos custos referentes à reprodução, desde depreciação dos reprodutores, das instalações e pastos ocupados pelos reprodutores, até a alimentação, cuidados veterinários, salários de vaqueiros etc., destinados aos reprodutores. Essa tarefa é bastante difícil, considerando a dificuldade de controle em razão da extensão das empresas rurais;

b) considerar os bezerros a nascer, já com vida intrauterina por ocasião do rateio dos custos. Observar que estes "a nascer" são estoques em formação e já provocam custos, que é a manutenção da vaca prenha.

Exemplo de contabilização (2)

Novo comparativo do Balanço Patrimonial de 20X1 e 20X2:

Tabela 7 – Balanço Patrimonial – Comparativo

BALANÇO PATRIMONIAL			
Ativo	1º.01.20X1	31.12.20X1	31.12.20X2
Circulante			
Estoque Gado			
Bezerros de 0 a 8 meses		6.000,00	6.400,00
Bezerras de 0 a 8 meses		6.000,00	6.400,00
Novilhos de 9 a 18 meses			12.400,00
Novilhas de 9 a 18 meses		_____	12.400,00
		12.000,00	37.600,00
Não Circulante			
Imobilizado			
Reprodutores	10.000,00	10.000,00	10.000,00
(-) Depreciação Acumulada		(1.250,00)	(2.500,00)
Matrizes	100.000,00	100.000,00	100.000,00
(-) Depreciação Acumulada	_____	(10.000,00)	(20.000,00)
	110.000,00	98.750,00	87.500,00

7.5.1.3. Ano de 20X3

Durante o ano de 20X3, ocorrem os seguintes fatos:

a) nascem 80 bezerros, sendo 40 machos e 40 fêmeas;
b) morrem 10 bezerros, no início de 20X3, do lote de bezerros de 0 a 8 meses;
c) o custo do rebanho em formação foi de R$ 39.100,00.

Para fins de avaliação, sabemos que o custo dos bezerros de 0 a 8 meses (nascidos em 20X2) é de R$ 6.400,00, ou seja, R$ 160,00 por cabeça (R$ 6.400,00 ÷ 40 bezerros). Dessa forma, o custo dos bezerros mortos é de R$ 1.600,00 (10 x R$ 160,00).

Nesse exemplo, o custo das reses mortas será tratado como perda de período e não incorporado ao rebanho, evitando onerar os animais vivos.

Outro problema que poderia surgir é o valor para custeio dos animais mortos, cujas mortes ocorrem durante o ano (veja que no nosso exemplo ocorreu no início do ano). A rigor, estes animais absorverão parcialmente o custo enquanto estiveram vivos; por isso, recomenda-se, no momento do rateio, custear proporcionalmente ao tempo de vida, considerando um sistema do tipo de Equivalência de Produção. Se a morte fosse em junho, trataríamos como 5 unidades inteiras (10 bezerros mortos x ½ ano) que receberiam custos para, a seguir, serem baixados.

7.5.1.3.1. Rateio do custo do rebanho em formação

Custo anual: R$ 39.100,00

Número de cabeças que receberão custos:

Cabeças nascidas em 20X1 =	80
Cabeças nascidas em 20X2 =	80
Mortes em 20X3 =	(10)
Cabeças nascidas em 20X3 =	80
Total de cabeças =	230

7 – Contabilidade Pecuária

R$ 39.100,00 ÷ 230 cabeças = R$ 170,00 por cabeça.

Observe que, à medida que o rebanho vai crescendo e diversificando, fica mais difícil atribuir custo às diversas categorias. Esse grau de dificuldade crescerá sucessivamente; por isso, nesta oportunidade, sugerimos um mapa de custos para se exercer um melhor controle (veja mais a seguir).

80 nascidos u R$ 170,00 =	R$ 13.600,00
70 (20X2 – 30 machos e 40 fêmeas) u R$ 170,00 =	R$ 11.900,00
80 (20X1) u R$ 170,00 =	R$ 13.600,00
	R$ 39.100,00

Exemplo de contabilização (3)

Novo comparativo do Balanço Patrimonial de 20X1, 20X2 e 20X3:

Tabela 8 – Balanço Patrimonial – Comparativo

BALANÇO PATRIMONIAL				
Ativo	1º.01.20X1	31.12.20X1	31.12.20X2	31.12.20X3
Circulante				
———				
———				
Estoque Gado				
Bezerros de 0 a 8 meses		6.000,00	6.400,00	6.800,00
Bezerras de 0 a 8 meses		6.000,00	6.400,00	6.800,00
Novilhos de 9 a 18 meses			12.400,00	9.900,00

BALANÇO PATRIMONIAL				
Novilhas de 9 a 18 meses			12.400,00	13.200,00
Novilhos de 19 a 24 meses				19.200,00
Novilhas de 19 a 24 meses				19.200,00
		12.000,00	37.600,00	75.100,00
Não Circulante				
Imobilizado				
Reprodutores	10.000,00	10.000,00	10.000,00	10.000,00
(-) Depreciação Acumulada		(1.250,00)	(2.500,00)	(3.750,00)
Matrizes	100.000,00	100.000,00	100.000,00	100.000,00
(-) Depreciação Acumulada		(10.000,00)	(20.000,00)	(30.000,00)
	110.000,00	98.750,00	87.500,00	76.250,00

7 – Contabilidade Pecuária

Tabela 9 – Mapa de Custos 1

MAPA DE CUSTOS

PERÍODO		INVENTÁRIO		NASCIMENTO NO PERÍODO	BAIXAS ANTES DO CUSTEIO							INVENTÁRIO ANTES DO CUSTEIO		CUSTO PERÍODO (DISTRIBUÍDO)	TOTAL ACUMULADO – R$
					MORTE		VENDA		TRANSF.		ABATE				
		QTDE.	R$		Q	R$	Q	R$	Q	R$	Q	R$	Q	R$		
X1	MACHO	40	12.400										40	12.400	6.800	19.200
	FÊMEA	40	12.400										40	12.400	6.800	19.200
X2	MACHO	40	6.400		10	1.600							30	4.800	5.100	9.900
	FÊMEA	40	6.400										40	6.400	6.800	13.200
X3	MACHO			40									40		6.800	6.800
	FÊMEA			40									40		6.800	6.800
	MACHO															
	FÊMEA															
TOTAL		160	37.600	80	10	1.600	0	0	0	0	0	0	230	36.000	39.100	75.100

7.5.1.4. Ano de 20X4

Durante o ano de 20X4, ocorrem os seguintes fatos:

a) nasceram 100 bezerros (50 machos e 50 fêmeas), considerando as novilhas em experimentação. Deste lote em experimentação, 30 foram aprovadas e incorporadas ao rebanho;
b) houve vendas no início de 20X4, sendo:
   b.1) 40 novilhos nascidos em 20X1;
   b.2) 30 novilhas nascidas em 20X1, não aprovadas para matriz;
c) houve aquisição de 2 novos touros (para cobertura das novas matrizes) por R$ 2.000,00 cada, no início de 20X4;
d) o custo do período foi de R$ 45.000,00.

7.5.1.4.1. Cálculo do custo do gado vendido (para incluir no mapa) das novilhas transferidas

O custo acumulado do gado nascido em 20X1 era:

Macho 40:	R$ 19.200,00
Fêmea 40:	R$ 19.200,00
Total 80:	R$ 38.400,00

Portanto, a baixa será:

Custo do gado vendido	40 novilhos	R$	19.200,00
Custo do gado vendido	10 novilhas	R$	4.800,00
Subtotal	50	R$	24.000,00
Novilhas transferidas	30 novilhas	R$	14.400,00
Total	80	R$	38.400,00

Dessa forma, as novilhas passam a incorporar o Ativo Imobilizado, não recebendo mais custos. Observe que o custo das novilhas em experimentação no ano de 20X4 já é atribuído aos bezerros e não a elas. A data-base para transferência poderá ser início de 20X4.

7.5.1.4.2. Rateio do custo do rebanho em formação

Receberão custos:

70 nascidos em 20X2 x R$ 180,00 =   R$ 12.600,00

80 nascidos em 20X3 x R$ 180,00 =   R$ 14.400,00

100 nascidos em 20X4 x R$ 180,00 = R$ 18.000,00

250   R$ 45.000,00

R$ 45.000,00 ÷ 250 CABEÇAS = R$ 180,00.

7.5.1.4.3. Algumas considerações

Colocamos premeditadamente as vendas no início de 20X4, considerando que o rebanho vendido não recebeu custo em 20X4, facilitando, assim, o manuseio do mapa de custos.

Na prática, este mapa deveria ser calculado um pouco antes do período de vendas. Dessa maneira, se a empresa vende tradicionalmente no mês de agosto, o mapa seria fechado em julho.

Se, todavia, a empresa vender em vários períodos no ano, aconselha-se a elaborar este mapa em períodos mais curtos (mensal, trimestral ou semestralmente).

Este mesmo mapa deveria ser feito para o Rebanho Imobilizado, destinando uma coluna para Depreciação Acumulada.

Tabela 9 – Mapa de Custos 2

MAPA DE CUSTO

PERÍODO		INVENTÁRIO		NASCI-MENTO NO PERÍODO	BAIXAS ANTES DO CUSTEIO							INVENTÁRIO ANTES DO CUSTEIO		CUSTO PERÍODO (DISTRIBUÍDO)	TOTAL ACUMULADO - R$
					MORTE		VENDA		TRANSF.		ABATE				
		QTDE.	R$		Q	R$	Q	R$	Q	R$	Q	R$	Q	R$		
X1	MACHO	40	19.200				40	19.200					0	0		0
	FÊMEA	40	19.200				10	4.800	30	14400			0	0		0
X2	MACHO	30	9.900										30	9.900	5.400	15.300
	FÊMEA	40	13.200										40	13.200	7.200	20.400
X3	MACHO	40	6.800										40	6.800	7.200	14.000
	FÊMEA	40	6.800										40	6.800	7.200	14.000
X4	MACHO			50									50	0	9.000	9.000
	FÊMEA			50									50	0	9.000	9.000
TOTAL		230	75.100	100	0	0	50	24000	30	14400	0	0	250	36.700	45.000	81.700

Segue a contabilização 4:

Exemplo de contabilização (4)

Novo comparativo do Balanço Patrimonial de 20X1, 20X2, 20X3 e 20X4:

Tabela 10 – Balanço Patrimonial – Comparativo

BALANÇO PATRIMONIAL					
Ativo	1º.01.20X1	31.12.20X1	31.12.20X2	31.12.20X3	31.12.20X4
Circulante					
Estoque Gado					
Bezerros de 0 a 8 meses		6.000,00	6.400,00	6.800,00	9.000,00
Bezerras de 0 a 8 meses		6.000,00	6.400,00	6.800,00	9.000,00
Novilhos de 9 a 18 meses			12.400,00	9.900,00	14.000,00
Novilhas de 9 a 18 meses			12.400,00	13.200,00	14.000,00
Novilhos de 19 a 24 meses				19.200,00	15.300,00
Novilhas em experimentação				19.200,00	20.400,00
		12.000,00	37.600,00	75.100,00	81.700,00
Não Circulante					
Imobilizado					
Reprodutores	10.000,00	10.000,00	10.000,00	10.000,00	10.000,00
(-) Depreciação Acumulada		(1.250,00)	(2.500,00)	(3.750,00)	(5.000,00)
Reprodutores Adquiridos em 20X4					4.000,00
(-) Depreciação Acumulada					(500,00)
Matrizes	100.000,00	100.000,00	100.000,00	100.000,00	100.000,00

BALANÇO PATRIMONIAL					
Ativo	1°.01.20X1	31.12.20X1	31.12.20X2	31.12.20X3	31.12.20X4
(-) Depreciação Acumulada		(10.000,00)	(20.000,00)	(30.000,00)	(40.000,00)
Matrizes Incorporadas em 20X4					14.400,00
(-) Depreciação Acumulada					(1.440,00)
	110.000,00	98.750,00	87.500,00	76.250,00	81.460,00

7.5.1.4.4. Apuração do resultado bruto – R$

Admitiremos que a cotação média do gado nas diversas categorias, durante esses 4 anos, foi a seguinte:

	20X1	20X2	20X3	20X4
Bezerros(as) de 0 a 8 meses	250,00	260,00	260,00	260,00
Novilhos(as) de 9 a 18 meses	350,00	360,00	370,00	370,00
Novilhos(as) de 19 a 24 meses	600,00	620,00	630,00	650,00

Novo comparativo do Balanço Patrimonial de 20X1, 20X2, 20X3 e 20X4:

Tabela 11 – DRE 20X4

DRE – 20X4	
Receita Bruta (50 cabeças × R$ 650,00)	32.500,00
(-) Custo do Gado Vendido	(24.000,00)
Lucro Bruto	8.500,00

7.5.2. Críticas ao custo histórico utilizado na pecuária e uma sugestão de solução

Considerando o longo ciclo operacional da pecuária, o valor do rebanho no estoque, mesmo recebendo custo periodicamente, tende a desatualizar-se. Esse problema não se dá em proporções tão grandes em outras atividades, em que o ciclo operacional é curto por causa da alta rotatividade do estoque.

Assim, um boi de 3 anos constará no Ativo Circulante com o custo recebido dos últimos 36 meses, cujo valor acumulado reflete moeda de diversas datas (diferentes poderes de compra), estando defasado em relação à data do Balanço Patrimonial.

Por ocasião da venda, o confronto Receita *versus* Despesa será em moedas de poder de compra diferentes, associando Receita de hoje com Custo do Produto Vendido, que inclui valores de 3 ou 4 anos atrás.

Relatórios deste tipo não atendem aos interesses dos usuários externos ou internos da Contabilidade.

Como se sabe, o objetivo básico da Contabilidade, por meio de relatórios, é prover os usuários de informação útil, como ajuda na tomada de decisões.

Ora, se por um lado se evidencia um montante de estoque defasado com relação ao seu valor corrente de mercado, em circunstância de sua longa permanência no Ativo da empresa, em época inflacionária, essa informação será de pouca ou talvez nenhuma utilidade para os usuários externos (acionistas, bancos, governos etc.), principalmente porque o Patrimônio Líquido estará defasado.

Por outro lado, se a administração da empresa necessita conhecer seus custos efetivos para tomar decisões como ponto de venda, preço etc., de muito pouca utilidade serão os relatórios cujos montantes estão defasados pela inflação.

Todavia, ressalte-se que nada impede que se faça a avaliação dos estoques. Este procedimento de se corrigir monetariamente os estoques é tecnicamente correto.

Uma pergunta pode surgir neste momento: por que os estoques em formação, com ciclo operacional elevado, normalmente ultrapassando três anos, não são classificados no Realizável a Longo Prazo?

Conforme a lei das sociedades por ações, classificam-se no Ativo Circulante as disponibilidades, os direitos realizáveis no curso do exercício social subsequente e as aplicações de recursos em despesas do exercício seguinte. Entende-se, dessa forma, que todos os bens e direitos realizáveis a curto prazo serão classificados no Ativo Circulante.

Todavia, a mesma lei dispõe que, na empresa em que o ciclo operacional tiver duração maior que o exercício social (um ano), a classificação no circulante ou Realizável a Longo Prazo terá por base o prazo desse ciclo.

Portanto, o curto prazo para a pecuária será igual a seu ciclo operacional, em média três ou quatro anos. Dessa forma, os estoques constarão no Ativo Circulante a Longo Prazo. Ressalte-se que a regra é a mesma para o Passivo Exigível, é o que explica José Carlos Marion e Sonia Segatti.

7.6. MÉTODO DE AVALIAÇÃO PELO PREÇO DE MERCADO

Conforme ensina José Carlos Marion, em sua obra *Contabilidade Rural*, Editora Atlas, por meio da receita com as despesas que contribuem para a aquisição daquela receita, obtém-se o resultado de determinado período. Dessa forma, após o reconhecimento da receita, procura-se associar a ela toda despesa incorrida para a sua consecução, mesmo que parte dessa despesa seja apenas uma estimativa.

Por esse método de avaliação, ocorre o reconhecimento da receita antes do ponto de venda do gado. A questão envolve o ciclo operacional. Para alguns criadores, cujo ciclo operacional é longo e, processo de criação depende de um crescimento natural, é possível a avaliação de mercado objetiva e estável, podendo se reconhecer a receita antes do ponto de venda.

Desta forma, o contabilista responsável deverá avaliar, ao final de determinados períodos distintos de crescimento do rebanho, para que o estoque do mesmo atinja o valor de mercado, e que a parcela debitada à conta de estoque tenha uma contrapartida na conta de receita, ou seja, verifica-se, portanto, que a variação patrimonial tem influência na apuração do resultado contábil. Observa-se, todavia, que ocorre nesse caso, uma formação de lucro econômico, que não foi realizado financeiramente.

Contudo, vale ressaltar que, na contabilização do estoque a valor de mercado, deve-se fazer uma provisão das despesas de vendas que irão ocorrer na venda do ganho. Mas, como alternativa, poderá considerar para valor de estoque o valor líquido de realização, isto é, diminuído das despesas previstas para a venda e a entrega, que é mais utilizado pelos criadores de gado.

E, na venda efetiva, ou seja, na realização financeira, o estoque será baixado e em contrapartida será debitado a conta clientes ou disponível. Se o valor da venda for maior que o valor do estoque, contabiliza-se apenas a diferença como receita. Porém, se a receita for menor que o estoque, contabiliza-se a diferença como prejuízo. Vale esclarecer que o estoque estará avaliado a preço de mercado, que normalmente é mais elevado do que o de custo histórico.

Quadro comparativo entre o método de custo e o método a valor de mercado

MÉTODO DE CUSTO		MÉTODO A VALOR DE MERCADO	
Balanço Patrimonial	Demonstração do Resultado do Exercício	Balanço Patrimonial	Demonstração do Resultado do Exercício
Ativo Circulante Estoque (Plantel) .... 10.000 + custo acumulados .. 15.000 25.000	Não há registros, pois não ocorreu venda de gado. Logo, sem resultado a apurar.	Ativo Circulante Estoque (Plantel) .... 10.000 + custo acumulados .. 20.000 30.000	Estoque Líquido .... 20.000 C. Prod. .... (15.000) Lucro Econômico 10.000
O crescimento biológico e o ganho de peso não são reconhecidos como ganho econômico.		Reconhece o ganho econômico, demonstrando que pode ser vantajoso para a empresa, já que atribuiu um valor econômico positivo ao resultado sendo interessante para a entidade.	

Assim, podemos afirmar que a valorização do rebanho é feita em determinados períodos: mensal, semestral ou anualmente, e a variação patrimonial ocorre pela flutuação de preços no mercado e pela mudança de categoria ou mudança de era. A contabilização acontece da seguinte forma:

D – Estoque (por tipo de animal)

C – Superveniências Ativas

Da mesma maneira, são valorizados os nascimentos, ou seja, verifica-se o valor da fêmea, ou do macho nascido no mercado e, por esse valor, faz-se a contabilização:

D – Estoque bezerros(as)

C – Superveniências Ativas

Já as mortes, teriam a seguinte contabilização:

D – Insubsistências Ativas

C – Estoque (por tipo de animal)

7.6.1. O reconhecimento da receita na pecuária

7.6.1.1. Ciclo operacional

O ciclo operacional da atividade pecuária é relativamente longo, em média, de 2 a 4 anos (este ciclo vem sendo reduzido), desde a concepção do bezerro no útero da vaca, seu nascimento, seu crescimento, até sua venda (normalmente quando se atinge o ponto ótimo de venda no seu estado adulto). Portanto, o rebanho permanece por um longo período em estoque, até a sua maturação.

Segundo opinião de Hendricksen (1977), a aceitação geral de reconhecimento de receita durante o período de produção, cujo ciclo operacional seja longo (acima do exercício social), está baseada em justificativa pragmática (conjunto de regras e formalidades), suportada também pela Teoria da Contabilidade.

O não reconhecimento periódico da receita e, consequentemente, do lucro (resultado) antes da transferência do produto, poderia trazer prejuízos para os acionistas que se retiram da empresa.

Esta situação inconveniente poderia ser mais acentuada em projetos novos, em que as primeiras vendas se realizarão após 4 ou 5 anos do seu início, ficando a empresa, durante um longo período, sem apurar resultado – embora tenha despendido muito esforço e recursos para a composição do produto final, que contribuirá, com um bom grau de certeza, para a obtenção do lucro.

Em projetos novos, principalmente, é plenamente justificável o reconhecimento da receita econômica (na maturação do estoque), pois a empresa já estará medindo a viabilidade do esforço despendido para a composição do produto final antes mesmo de efetuar as primeiras vendas.

Portanto, o ciclo operacional relativamente longo, em primeiro plano, justifica a necessidade de se reconhecer a receita periodicamente (anualmente pelo menos). Mesmo sabendo que em todos os anos parte do rebanho é vendida, não se pode esquecer de que a maioria dele, que permanece em formação, permitirá um lucro final.

7.6.1.2. Crescimento natural

O processo de produção da pecuária consiste no crescimento natural do gado e no consequente aumento de valor no Ativo da empresa, particularmente no Estoque, uma vez que o gado ganha peso e envergadura com o passar do tempo.

O gado ganha acréscimo de valor econômico não apenas pelo fato de se agregarem fatores de produção para sua formação (como é o caso de um estoque industrial), mas também pelo seu crescimento natural; variável essa fundamental na avaliação do estoque vivo.

A não consideração do incremento do item Estoque, pelo crescimento natural do gado, distanciaria o Ativo do seu verdadeiro potencial de benefícios para a empresa, ocasionando um Patrimônio Líquido subavaliado, consequentemente, um Valor Patrimonial de Ação (VPA = PL ÷ n° de ações do capital social) desatualizado.

O Valor Patrimonial de Ação subavaliado não só prejudica os investidores que pretendem se retirar da empresa, como também os empréstimos, as fusões, as incorporações ou mesmo qualquer outra decisão com base no Patrimônio Líquido.

7.6.1.3. Avaliação de mercado objetiva e estável

Ao contrário dos estoques em elaboração das empresas industriais, o gado, a qualquer momento, mesmo sem atingir a semelhança de produtos acabados (bezerros, novilhos etc.), tem um preço definido de mercado.

Uma avaliação objetiva de mercado, em estágios distintos de maturação dos produtos, é condição básica para reconhecer receita antes do momento da venda dos produtos em crescimento natural.

Hoje, temos diversos órgãos federais, estaduais e algumas organizações privadas que divulgam diariamente as cotações de preços das diferentes categorias e espécies de animais. Valores estes disponibilizados pelos *sites*.

As Secretarias dos Estados (UF) determinam periodicamente valores mínimos por cabeça de gado, por categoria: pauta fiscal. Não aconselhamos a avaliação pela pauta fiscal, pois em alguns estados da Federação esses preços não são divulgados mensalmente.

Onde a criação do gado ocorre em confinamento, é bastante simples acompanhar o desenvolvimento do gado pelo peso. Dessa forma, a avaliação, em épocas de inventários, será realizada considerando o peso (o ganho de peso será receita) e outras variáveis, tais como: raça, idade, aptidões etc. No Brasil, tal prática tem se tornado menos difícil, mesmo com o prevalecente sistema de criação extensivo.

Observa-se, ainda, que, embora o preço médio de bezerros e novilhos não seja totalmente estável, também não apresenta grandes oscilações que possam prejudicar este método de avaliação.

7.6.1.4. Avaliação do bezerro

As crias nascidas durante o período de apuração podem ser contabilizadas pelo preço real de custo, quando evidenciado na escrituração da pessoa jurídica, ou pelo preço corrente no mercado. Deverão ser lançadas como superveniências ativas, a débito da conta do Ativo a que se destinam e a crédito da conta de resultado (Pareceres Normativos CST nos 511/1970 e 57/1976, item 3.1).

Por uma questão de coerência, nesta metodologia, o bezerro, na ocasião de seu nascimento, será avalizado a preço de mercado. Dessa forma, todo o estoque vivo será avaliado a preço de mercado.

A contrapartida da conta "Bezerros" (Estoque) será uma conta de receita denominada "Variação Patrimonial por Nascimentos", com já vimos no subtópico 7.9.1.

7.6.1.5. O reconhecimento da receita na pecuária e a repercussão na distribuição de dividendos no Imposto de Renda e na CSLL

Como já foi dito, o reconhecimento da receita antes do momento da venda resulta em ganho não realizado financeiramente para a empresa, por isso, a necessidade de analisar cuidadosamente as influências no lucro economicamente existente, mas não distribuível financeiramente.

No que se refere à distribuição de dividendos, não se deveria incluir como base de cálculo de dividendos o ganho não realizado financeiramente, resultante do reconhecimento da receita pelo crescimento do rebanho, pois, caso contrário, poderia trazer sérios problemas financeiros para a empresa.

A constituição de Reservas de Lucros a Realizar, embora não prevista na Lei das S.As. para tal operação, poderia aperfeiçoar o sistema de distribuição de dividendos referente ao ganho não realizado em termos de "Caixa". Na venda efetiva do rebanho, teria a realização daquela Reserva, que seria revertida, passando a compor a base de cálculo de dividendos.

Recomenda-se, então, a inclusão desta cláusula na elaboração do estatuto, no que se refere à distribuição de dividendos.

Para efeito de exemplificação, admite-se que uma empresa pecuária, em determinado exercício, apresente, em milhares de reais, uma receita total igual a R$ 100, sendo que R$ 60 são resultantes de ganho econômico pelo crescimento do rebanho, o qual é avaliado a preço de mercado (Variação Patrimonial Líquida) e o restante é ganho financeiro (decorrente das vendas).

No final, constata-se um lucro líquido de R$ 20. Conclui-se que 60% do lucro (obtido na divisão 60 ÷ 100) sejam decorrentes do ganho econômico (Reserva de Lucros a Realizar); portanto, o lucro-base para distribuição de dividendos será de R$ 8 (R$ 20 − 60% de R$ 20) mais a reversão de Reserva de Lucros a Realizar, constituída em outros períodos, referente ao lote do gado vendido.

Para tanto, é necessário um controle cuidadoso no relacionamento desta reserva com as respectivas categorias e idade do plantel, com o objetivo de baixar a Reserva de Lucros a Realizar no momento da venda do gado.

> Lucro-base para Dividendos = Lucro Financeiro do Exercício + Reversão de Reservas de Lucros a Realizar correspondente ao gado vendido.

7.6.1.6. O momento da avaliação

Um dos problemas encontrados é o momento em que se avaliará o estoque vivo a valores de saída. Sem dúvida, o ideal seria, no encerramento do Balanço Patrimonial, evidenciar o patrimônio (estoque) corrente compatível com a data deste relatório. Na prática, é um pouco complicado, pois se tem bezerros e novilhos com idades (eras) diferentes naquela data, uma vez que os nascimentos, geralmente, são distribuídos durante o ano.

7.6.1.7. Nascimentos planejados

A maioria das empresas pecuárias planeja lotes de nascimento em determinados períodos do ano (seca e inverno – períodos em que os bezerros não pastejam) por meio da inseminação artificial, estação de monta planejada, aceleração dos "cios" e outras tecnologias.

Neste caso, o processo contábil é simplificado, pois o balanço será encerrado logo após os nascimentos, ocorrendo, a partir daí, a separação por eras de acordo com a conveniência da empresa (exemplos de categorias: 0 a 8 meses; 9 a 18 meses; 19 a 24 meses etc.) para sucessivas avaliações. Mesmo que se quisesse dividir o rebanho em categorias de idade semestral, o processo seria simples.

Todavia, quando os nascimentos são distribuídos durante o ano, vários critérios poderão ser considerados.

a) avaliação na mudança de categoria anual – o bezerro seria avaliado por ocasião de seu nascimento e, nos anos seguintes, no mês do seu aniversário [já na categoria de novilho(a)]. No encerramento do balanço, seria relacionado no Estoque, conforme a avaliação recebida na mudança de categoria. Esse critério traria imperfeições no Estoque, com valores desatualizados, principalmente para o rebanho nascido logo após a data do encerramento do balanço. Embora os valores fossem mais atuais que os do método de custo, seriam obtidos valores de poder aquisitivo diferentes, de diversos meses no ano. A correção desses valores até a próxima avaliação seria uma alternativa boa nesses casos;

b) avaliação na mudança de categoria semestral – em vez de planejar a contabilidade distribuindo-se o rebanho em faixa etária, a distribuição seria feita semestralmente, por exemplo: bezerros de 0 (zero) a 6 meses; bezerros de 7 a 12 meses; novilhos de 13 a 18 meses; novilhos de 19 a 24 meses, e assim sucessivamente. Dessa forma, teria um Estoque mais atualizado que no critério anterior, embora houvesse defasagem de preços de até seis meses para o rebanho nascido imediatamente após o encerramento do balanço. Este método é um dos mais recomendados;

c) avaliação no encerramento do Balanço – o rebanho será avaliado no encerramento de cada balanço considerando-se a sua idade. Na situação atual, seria feita mensalmente. Assim, deverá existir um controle do gado por idade (não desprezando as categorias), a fim de que se conheça a idade em meses para a avaliação no final do período. A fazenda, portanto, fará um mapa, controlando o rebanho por lote nascido mensalmente. Particularmente, achamos este critério o mais adequado.

7.6.1.8. A confrontação da despesa

Após o reconhecimento da receita, é imperativo que haja o confronto com as despesas que contribuíram para a formação daquela receita, para se apurar o resultado do período. Assim, se uma receita se diferir, todo o gasto correspondente também deverá ser diferido, proporcionando, então, a associação das receitas com os respectivos gastos.

Na sistemática que se está abordando, reconhece-se a receita antes do momento da venda do gado. Desta maneira, periodicamente, faz-se o reconhecimento da receita antes da maturação dos Estoques; conclui-se, portanto, que os custos não transitarão pelos Estoques, mas serão apropriados diretamente ao resultado, para o confronto com a receita reconhecida.

No que tange às despesas do segundo grupo, o procedimento seria idêntico à contabilidade de empresas industriais (ou outras), fazendo-se a apropriação diretamente ao período.

As despesas de distribuição (despesas de desembaraço), que ocorrerão no momento da venda, deverão ser provisionadas quando do reconhecimento da receita, para se apurar um resultado mais próximo da realidade. O princípio da confrontação da despesa preconiza que a despesa associável à receita deverá ser computada, mesmo que haja necessidade de estimá-la.

7.6.1.9. Exemplos

7.6.1.9.1. Ano de 20X1

a) nascem 200 bezerros(as) ao valor de mercado de R$ 200,00 cada um = R$ 40.000,00;
b) houve Despesas/Custos do período no total de R$ 30.000,00;
c) a provisão para Despesa de Distribuição será à base de 2,5% sobre o valor de mercado.

Exemplo de contabilização (5)

7.6.1.9.2. Ano de 20X2

a) nascem 180 bezerros(as) x R$ 220,00 = R$ 39.600,00;
b) os bezerros(as) de 20X1 são transferidos para a categoria de novilhos(as) de 9 a 18 meses. A reavaliação dos estoques foi de R$ 20.000,00;
c) morrem 10 (dez) bezerros nascidos em 20X2: (R$ 220,00 x 10 = R$ 2.200,00);
d) houve Despesas/Custos do período no total de R$ 55.000,00;
e) a provisão para Despesas de Distribuição é realizada sobre os R$ 20.000,00 da Reavaliação dos Estoques e os R$ 37.400,00 sobre os bezerros(as) nascidos, menos os mortos.

Exemplo de contabilização (6)

7.6.1.9.3. Ano de 20X3

a) nascem 200 bezerros(as) x R$ 250,00 cada um(a) = R$ 50.000,00;
b) os novilhos(as) de 9 a 18 meses são transferidos para a categoria de 19 a 24 meses. A reavaliação foi de R$ 30.000,00;
c) os bezerros(as) de 20X2 são transferidos para a categoria de novilhos(as). A reavaliação foi de R$ 25.000,00;
d) houve Despesas/Custos do período no total de R$ 80.000,00;
e) a provisão para Despesas de Distribuição é realizada sobre as Variações Patrimoniais Líquidas, ou seja:
   e.1) R$ 50.000,00 de bezerros(as),
   e.2) R$ 30.000,00 de Reavaliação dos novilhos(as) de 19 a 24 meses,
   e.3) R$ 25.000,00 de Reavaliação dos novilhos(as) de 9 a 18 meses;
f) houve a venda de ½ dos novilhos(as) de 19 a 24 meses por R$ 60.000,00 à vista. Como já houve o reconhecimento da Receita àquele plantel de R$ 45.000,00 (½ de R$ 90.000,00), reconhece-se como lucro a diferença, ou seja, R$ 15.000,00 (R$ 60.000,00 – R$ 45.000,00);
g) Despesa de Distribuição: nesta operação, tem-se uma despesa de venda de R$ 1.500,00 (2,5% x 60.000,00). Todavia, já houve a identificação desta despesa na parcela baixada de R$ 45.000,00, referente aos novilhos(as) vendidos. Assim, faz-se a adição, à Provisão para Despesa de Distribuição, da diferença: R$ 15.000,00 x 2,5% = R$ 375,00. Contudo, no que tange ao pagamento, o valor a ser liquidado será de R$ 1.500,00 gerado no ato da venda. Por isso, o crédito será lançado na conta "Caixa ou Contas a Pagar" e o débito na conta "Provisão";
h) a provisão do período no valor de R$ 2.625,00 foi com base nas novas Variações Patrimoniais Líquidas (Receita Econômica).

Exemplo de contabilização (7)

Temos, assim, um balanço bem mais realista e um resultado também economicamente mais verdadeiro, com o valor de mercado neles inserido de forma adequada.

7.7. PLANO DE CONTAS

Sugerimos um Plano de Contas bastante simplificado, envolvendo apenas as principais contas referentes ao rebanho.

Contas básicas a serem movimentadas no nosso exemplo:

7.7.1. Balanço Patrimonial

Segue o Balanço Patrimonial:

Tabela 1 – Balanço Patrimonial

BALANÇO PATRIMONIAL
Ativo Circulante
Disponível
Clientes e Títulos
Estoques Vivos
Bezerros de 0 a 8 meses
Bezerras de 0 a 8 meses
Novilhos (garrotes) de 9 a 18 meses
Novilhas de 9 a 18 meses
Novilhos de 19 a 24 meses
Novilhas de 19 a 24 meses
Novilhas acima de 25 meses (em fase de experimentação)
Tourinhos acima de 25 meses (em experimentação)
Ativo Não Circulante
Ativo Realizável a Longo Prazo
Investimentos
Imobilizado
Rebanhos
Reprodutores
Matrizes
(-) Depreciação Acumulada de Reprodutores
(-) Depreciação Acumulada de Matrizes
Pastagens

7 – Contabilidade Pecuária

BALANÇO PATRIMONIAL
(-) Exaustão Acumulada
Intangível

BALANÇO PATRIMONIAL	
Ativo	Passivo
Bens e Direitos	Obrigações
	Patrimônio Líquido
	Capital próprio/Obrigação para os sócios
Ativo = Passivo + Patrimônio Líquido	

7.7.2. Demonstração do Resultado do Exercício (DRE)

Segue um exemplo básico de uma Demonstração do Resultado do Exercício (DRE):

(+) Receita bruta de garrotes acima de 36 meses
(+) Receita bruta de garrotes acima de 24/36 meses
(+) Receita bruta de bezerros
(+) Receita líquida (superveniências/insubsistências)
(-) Impostos s/Vendas
(=) Receita Líquida
(-) Custos de garrotes acima de 36 meses
(-) Custo de garrotes acima de 24/36 meses
(-) Custo de bezerros
(=) Lucro bruto
(-) Despesas administrativas
(+/-) Resultado Financeiro
(+/-) Outras receitas/despesas operacionais
(=) Lucro Operacional
(+/-) Resultado não operacional
(=) Lucro antes do IRPJ e da CSLL

(-) IRPJ e adicional de 10%
(-) CSLL
(=) Lucro/Prejuízo do Exercício

Admitindo-se um sistema de Custo Integrado à contabilidade, teríamos um sistema auxiliar de contas com a denominação de Custo do Rebanho em Formação:

Tabela 3 – Custo do Rebanho em Formação

CUSTO DO REBANHO EM FORMAÇÃO
Salários
13º Salário
Férias
Gratificações
Indenizações Trabalhistas
INSS
FGTS
Outros Encargos Sociais
Assistência Médica e Social
Manutenção, Conservação e Limpeza
Combustível e Lubrificante
Energia Elétrica
Seguros
Depreciação de Instalações
Depreciação e Exaustão de Pastos e Outros Ativos da Produção
Serviços Profissionais
Viagens e Estadias
Fretes e Carretos
Peças de Reposição

7 – Contabilidade Pecuária

CUSTO DO REBANHO EM FORMAÇÃO
Sal Mineral
Rações, Farelos e Outros Alimentos
Inseminação (Sêmen, Nitrogênio, Materiais)
Medicamentos
Vacinas
Adubos e fertilizantes
Defensivos (Inseticidas, Herbicidas e Formicidas)
Conservação de Cercas e Currais
Conservação de Pastagens
Assistência Técnica (veterinários e zootécnicos)
Mão de Obra Avulsa
Aluguéis de Pastos
Depreciação de Matrizes
Depreciação de Reprodutores
Outros Gastos Indiretos e Administrativos – Empresa Rural

Esses gastos são indiretos ao rebanho, mas fazem parte como gastos gerais da empresa rural. Cabe à contabilidade definir o critério de custeio deste item: como gasto do período (hipótese pouco aceita) ou como custo do rebanho em formação, ou parte como despesa do exercício (administração geral da empresa rural) e parte como custo do rebanho (custos indiretos).

Tabela 4 – Outros Gastos

OUTROS GASTOS
Salários, Ordenados e Encargos Sociais
Gastos com Pessoal
Materiais de Uso Geral – Administração da Propriedade Rural

OUTROS GASTOS
Materiais de Cozinha e Alojamentos
Ambulatórios e Farmácia
Despesas das Oficinas Mecânicas e Elétricas
Despesas com Veículos
Despesas com Tratores, Máquinas Pesadas e Equipamentos
Manutenção e Reparos em Geral da Empresa Rural
Despesas de Comunicações
Seguros Diversos
Impostos e Taxas
Despesas Financeiras – Empresa Rural
Despesas de Viagens
Outras Despesas Administrativas na Propriedade Rural
Depreciação de Componentes da Propriedade
Amortizações
Exaustões
Utilidade e Serviços de Terceiros

7.8. DEPRECIAÇÃO NA AGROPECUÁRIA

Abaixo, demonstramos por meio das tabelas os casos de depreciação, exaustão e amortização que ocorrem na atividade rural:

7 – Contabilidade Pecuária

REDUÇÕES DE ATIVO FIXO	SENTIDO GENÉRICO	CONTABILIDADE RURAL
	Depreciação Bens Tangíveis	**Depreciação** Culturas permanentes que serão extraídos frutos
Amortização No sentido amplo da matéria (qualquer ativo fixo de duração limitada)	**Exaustão** Recursos naturais exauríveis	**Exaustão** Culturas permanentes ceifadas, seus recursos são esgotáveis. Reflorestamento, cana-de-açúcar, pastagem etc.
	Amortização Recursos naturais Bens intangíveis	**Amortização** Aquisição de direitos sobre empreendimentos de propriedade de terceiros. Contratos de exploração. Patentes

Em relação à depreciação do rebanho destinado à reprodução, cabe esclarecer que não haverá obviamente a depreciação. A vida útil do rebanho de reprodução, para fins de depreciação, será contada a partir do momento em que estiver em condições de reprodução, ou seja, o rebanho adulto. E, estando em plena reprodução, o animal, obviamente o touro, tende a atingir um nível máximo de eficiência para iniciar o processo de declínio até perder a sua capacidade de reprodução, o que na prática não é uma tarefa fácil.

Contudo, cabe salientar que essa é uma dificuldade que se encontra na prática, já que é tarefa fácil definir um método a ser utilizado, para estabelecer uma curva de eficiência do gado reprodutor, assim como também difícil definir a vida útil do rebanho.

Assim, vale a pena consultar o profissional habilitado para determinar a vida útil do gado reprodutor, seja um veterinário ou zootécnico.

Outra questão a ser pensada é o valor residual correspondente ao seu peso multiplicado pelo preço por arroba, pois eventualmente o gado não sendo mais útil para reprodução, pode passar para a fase de engordar e posterior venda para abate.

Outro ponto polêmico dentro da atividade pecuária é a pastagem. Muitas empresas pecuárias não efetuam a exaustão das pastagens sob alegação de que algumas espécies de capim são consideradas permanentes e não acabam. Outros alegam que é muito difícil estimar o período de vida útil das pastagens ou até mesmo por falta de disposições legais para tal.

Entretanto, é entendimento da maioria dos doutrinadores do assunto, que se deva fazer amortização das pastagens, muito embora seja difícil de estimar o seu tempo de vida útil, que poderia ser resolvido com o auxílio de engenheiros-agrônomos, com auxílio da própria Embrapa. Vale lembrar que muitas empresas também investem na qualidade da pastagem, onde os gastos não bem expressivos, o que motiva mais ainda a amortização.

7.9. INVENTÁRIO DOS ESTOQUES

Dentro do processo de controle dos estoques, as empresas têm que optar por um tipo de inventário a ser utilizado dentre os tipos: **permanente** onde o controle de estoque registra em uma ficha todas as transações que vão ocorrendo, atualizando a contabilidade continuamente; **periódico** é o inventário ao final de cada período, onde há a contagem dos itens; para se efetuar o registro contábil, é utilizado quando o método permanente não é viável.

O método mais adequado de controle de inventário para empresas de pecuária é o permanente, obviamente por causa do grande número de transações que ocorrem inclusive dentro da propriedade da empresa de uma fazenda para a outra. Por exemplo, o controle dos lotes comerciais ficaria prejudicado e até mesmo falho caso ocorresse uma venda antes do encerramento de um período.

Vale destacar que o estoque representa uma das contas mais importantes dentro dos ativos da entidade, em razão dos estoques serem formados por animais destinados à venda.

O apontamento exato da quantidade e valor do estoque são primordiais não só para fins de controle interno, mas também para apurar os resultados financeiros e gerenciais. Para que isso seja possível, é necessário fazer inventários.

As variações de estoques nas atividades pecuárias são constantes pelas atividades de venda, nascimento, morte e transferência entre fazendas, e sua mensuração quantitativa e monetária é importante, pois traz reflexos no tocante à efetiva rentabilidade do negócio.

7.10. Definição de Custo ou Investimento

A exemplo das experiências que temos adquiridos nestes longos anos de trabalho com contabilidade e consultoria, temos visto um distanciamento da pessoa que administra a fazenda e o rebanho em relação à pessoa que cuida da contabilidade, da elaboração das demonstrações contábeis e demais relatórios contábeis e financeiros. Não estamos entrando no questionamento fiscal ou administrativo, pois também há demais relatórios de controle sanitário ou qualquer ou outro tipo de fiscalização que possa existir inclusive por parte do Ministério da Agricultura.

Porém, os administradores das fazendas de um modo geral possuem uma formação mais técnica, seja veterinário, biológico ou zootécnico, e não possuem uma formação específica em contabilidade ou administração. O que muitas vezes causam conflitos de conceitos para que possa registrar os devidos valores, que não irão causar distorções no resultado final.

Quando falamos em ativo imobilizado, podemos falar do CPC (Comitê de Pronunciamento Contábil) 28 que da forma que iremos registrar o seu valor, suas depreciações e demais custos ou sobrevida.

Quando falamos de contabilidade rural, iremos falar de ativos biológicos, aí iremos tratar do CPC 29 que reza especificamente sobre o assunto.

Contudo, as coisas mais simples, o que muito embora seja conceitual e de bom senso, é o que mais complica na hora de se ajustar ou registrar determinado valor contábil.

A questão sempre recai na diferenciação do que é investimento ou custo, ou despesa de forma geral.

Um exemplo clássico é a formação de pastagem na atividade pecuária. Onde a formação de pastagem, pode ser encarada como investimento, pois o seu valor é considerável, e irá trazer benefício na qualidade da alimentação do gado, inclusive melhorando a qualidade da carne, do couro entre outros subprodutos que isso possa decorrer. E se tratando de investimento isso deve ser de alguma forma alocada e amortização ao longo do período em que a tal pastagem chegue a sua exaustão ou fim propriamente falando.

Contudo, há outra visão de que isso é custo ou despesa, pois a formação de pastagem é recorrente, é inerente a atividade como um todo, assim como a vacina, a ração e o sal também são, pois são elementos necessários para a manutenção e sobrevivência do negócio. Assim, isso é custo, e não deve ser registrado como investimento, pois não há aspecto relevante para isso.

A pergunta é: quem está certo? Da minha vivência em contabilidade tanto em consultoria ou na Toda Consulting, as duas possibilidades estão corretas, pois tudo depende de uma análise profunda e coerente. Vale o bom senso. Pois, tudo isso causa impacto no resultado. Se paga menos imposto é sinal de menos lucro. Que pode ser bom no aspecto financeiro da empresa. Porém, muito ruim, pois o resultado cai, desagradando os acionistas ou pessoas ou entidades que esperam dividendos ou juros sobre o capital próprio.

Assim, conceitualmente podemos afirmar que:

Investimento: capital aplicado para um retorno futuro, como uma nova linha de produto ou novo tipo de gado a ser introduzido na fazenda, por exemplo;

Custo: é a soma dos gastos incorridos e necessários para a aquisição, conversão e outros procedimentos necessários para trazer os estoques à sua condição e localização atuais, e compreende todos os gastos incorridos na sua aquisição ou produção, de modo a colocá-los em condições de serem vendidos, transformados, utilizados na elaboração de produtos ou na prestação de serviços que façam parte do objeto social da entidade, ou realizados de qualquer outra forma; e

Despesa: valor gasto com bens e serviços relativos à manutenção da atividade da empresa, bem como aos esforços para a obtenção de receitas através da venda dos produtos.

8
ATIVO BIOLÓGICO E PRODUTO AGRÍCOLA – CPC 29

8.1. OBJETIVO

O objetivo do CPC 29 é estabelecer o tratamento contábil e as respectivas divulgações, relacionados aos ativos biológicos e aos produtos agrícolas.

O produto agrícola é definido como o produto colhido ou, de alguma forma, obtido a partir de um ativo biológico de uma entidade. O ativo biológico, por sua vez, refere-se a um animal ou a uma planta, vivos, que produz produto agrícola. A transformação biológica compreende o processo de crescimento, degeneração, produção e procriação que causa mudança qualitativa e quantitativa no ativo biológico.

Exemplos:

Primeiro:

O gado para produção de leite é ativo biológico que produz o produto agrícola "Leite", e está sujeito a nascimento, crescimento, produção, degeneração, procriação. Os bezerros machos que nascem são destinados à venda, eles são considerados produto agrícola, e se as fêmeas se destinam à futura produção de leite, são considerados ativos biológicos.

Segundo:

O eucalipto é o ativo biológico que produz o produto agrícola "madeira", a ser utilizada como matéria-prima para a obtenção da celulose.

8.2. ALCANCE

As normas sobre as quais discorremos aqui devem ser aplicadas para a contabilização dos seguintes itens relacionados com as atividades agrícolas:

a) ativos biológicos, exceto plantas portadoras;
b) produção agrícola no ponto de colheita;
c) subvenções governamentais relacionadas a um ativo biológico.

As referidas normas devem ser aplicadas para a produção agrícola, assim considerada aquela obtida no momento e no ponto de colheita dos produtos advindos dos ativos biológicos da entidade.

Após esse momento, o Pronunciamento Técnico CPC 16(R1) – Estoques, ou outro mais adequado, deve ser aplicado.

Portanto, o pronunciamento objeto deste procedimento não trata do processamento dos produtos agrícolas após a colheita, como, por exemplo, o processamento de uvas para a transformação em vinho por vinícola, mesmo que se tenha cultivado e colhido a uva.

Tais itens são excluídos, mesmo que seu processamento, após a colheita, possa ser extensão lógica e natural da atividade agrícola, e os eventos possam ter similaridades.

8.2.1. Exemplos

A tabela a seguir fornece exemplos de ativos biológicos, produto agrícola e produtos resultantes do processamento depois da colheita:

Tabela 1 – Exemplos		
ATIVOS BIOLÓGICOS	**PRODUTO AGRÍCOLA**	**PRODUTOS RESULTANTES DO PROCESSAMENTO APÓS A COLHEITA**
Carneiros	Lã	Fio, tapete
Plantação de Árvores para Madeira	Árvore Cortada	Tora, madeira serrada
Plantação de Algodão	Algodão colhido	Fio de algodão, roupa
Cana-de-açúcar	Cana colhida	Açúcar
Plantação de Fumo	Folha colhida	Fumo curado
Gado de leite	Leite	Queijo
Porcos	Carcaça	Salsicha, presunto
Arbustos de chá	Folha Colhida	Chá
Videiras	Uva Colhida	Vinho
Árvores frutíferas	Fruta colhida	Fruta processada
Palmeira de Dendê	Fruta colhida	Óleo de Palma
Seringueira	Látex colhido	Produto da Borracha

Nota:

Algumas plantas, por exemplo, arbustos de chá, videiras, palmeira de dendê e seringueira, geralmente, atendem à definição de planta portadora e estão dentro do alcance do CPC 27. No entanto, o produto de planta portadora, por exemplo, folhas de chá, uvas, óleo de palma e látex, está dentro do alcance desse CPC.

8.2.2. Exceções

As regras aqui tratadas não se aplicam a:

a) terras relacionadas com atividades agrícolas (CPC 27 – Ativo Imobilizado e CPC 28 – Propriedade para Investimento);
b) ativos intangíveis relacionados com atividades agrícolas (CPC 04 – Ativo Intangível);
c) plantas portadoras relacionadas com a atividade agrícola (CPC 27 – Ativo Imobilizado). Contudo, este pronunciamento aplica-se ao produto dessas plantas portadoras;
d) subvenção e assistência governamentais relacionadas às plantas portadoras (CPC 07 – Subvenção e Assistência Governamental);
e) ativos de direito de uso decorrentes de arrendamento de terrenos relacionados à atividade agrícola (CPC 06 – Operações de Arrendamento Mercantil).

8.3. DEFINIÇÕES

8.3.1. Definições relacionadas com a área agrícola

Seguem alguns termos, utilizados, com significados específicos, no que diz respeito à área agrícola:

a) atividade agrícola é o gerenciamento da transformação biológica e da colheita de Ativos Biológicos para venda ou para conversão em produtos agrícolas ou em ativos biológicos adicionais, pela entidade;
b) produção agrícola é o produto colhido de ativo biológico da entidade;
c) ativo biológico é um animal e/ou uma planta, vivos;
d) transformação biológica compreende o processo de crescimento, degeneração, produção e procriação que causam mudanças qualitativa e quantitativa no ativo biológico;
e) despesa de venda são despesas incrementais diretamente atribuíveis à venda de ativo, exceto despesas financeiras e tributos sobre o lucro;

f) grupo de ativos biológicos é um conjunto de animais ou plantas vivos semelhantes;

g) colheita é a extração do produto de ativo biológico ou a cessação da vida deste ativo.

8.3.1.1. Abrangência da atividade agrícola

Há de se notar que a atividade agrícola compreende uma série de atividades, por exemplo, aumento de rebanhos, silvicultura, colheita anual ou constante, cultivo de pomares e de plantações, floricultura e cultura aquática (incluindo criação de peixes).

Certas características comuns existem dentro dessa diversidade de atividades mencionadas. São exemplos:

a) capacidade de mudança – animais e plantas vivos são capazes de transformações biológicas;

b) gerenciamento de mudança – o gerenciamento facilita a transformação biológica, promovendo, ou pelo menos estabilizando, as condições necessárias para que o processo ocorra (por exemplo, nível de nutrientes, umidade, temperatura, fertilidade e luz); tal gerenciamento é que distingue as atividades agrícolas de outras atividades – por exemplo, colher de fontes não gerenciadas, tais como pesca no oceano ou desflorestamento, não é atividade agrícola; e

c) mensuração da mudança – a mudança na qualidade (por exemplo, mérito genético, densidade, amadurecimento, nível de gordura, conteúdo proteico e resistência da fibra) ou quantidade (por exemplo, descendência, peso, metros cúbicos, comprimento e/ou diâmetro da fibra e a quantidade de brotos) causada pela transformação biológica, ou na colheita, é mensurada e monitorada como uma função rotineira de gerenciamento.

8.3.1.2. Transformação biológica

Transformação biológica resulta dos seguintes eventos:

a) mudanças de ativos por meio de:

a.1) crescimento (aumento em quantidade ou melhoria na qualidade do animal ou planta);

a.2) degeneração (redução na quantidade ou deterioração na qualidade de animal ou planta);

a.3) procriação (geração adicional de animais ou plantas); ou

b) produção de produtos agrícolas, tais como látex, folhas de chá, lã, leite etc.

8.3.2. Definições gerais

Seguem algumas definições gerais utilizadas com significados específicos:

a) valor contábil é o montante pelo qual um ativo é reconhecido no balanço;

b) valor justo é o preço que seria recebido pela venda de um ativo ou que seria pago pela transferência de um passivo em uma transação não forçada entre participantes do mercado na data de mensuração. (Pronunciamento Técnico CPC 46 – Mensuração do Valor Justo);

c) subvenção governamental é definida no Pronunciamento Técnico CPC 07 – Subvenção e Assistência Governamentais.

8.3.3 Plantas Portadoras

Planta portadora é uma planta viva que:

a) é utilizada na produção ou no fornecimento de produtos agrícolas;

b) é cultivada para produzir frutos por mais de um período; e

c) tem uma probabilidade remota de ser vendida como produto agrícola, exceto para eventual venda como sucata.

8.3.4 Não são Plantas Portadoras

Não são consideradas plantas portadoras:

a) plantas cultivadas para serem colhidas como produto agrícola (por exemplo, árvores cultivadas para o uso como madeira);

b) plantas cultivadas para a produção de produtos agrícolas, quando há a possibilidade maior do que remota de que a entidade também vai colher e vender a planta como produto agrícola, exceto as vendas de sucata como incidentais (por exemplo, árvores que são cultivadas por seus frutos e sua madeira); e

c) culturas anuais (por exemplo, milho e trigo).

Quando as plantas portadoras não são mais utilizadas para a produção de produtos, elas podem ser cortadas e vendidas como sucata, por exemplo, para uso como lenha. Essas vendas de sucata incidentais não impedem a planta de satisfazer à definição de planta portadora.

Produto em desenvolvimento de planta portadora é ativo biológico.

8.4. RECONHECIMENTO E MENSURAÇÃO

> Em atividade agrícola, o controle pode ser evidenciado, por exemplo, pela propriedade legal do gado e pela sua marcação no momento da aquisição, nascimento ou época de desmame. Os benefícios econômicos futuros são, normalmente, determinados pela mensuração dos seus atributos físicos significativos

A entidade deve reconhecer um ativo biológico ou produto agrícola somente quando:

a) controlar o ativo como resultado de eventos passados;

b) for provável que benefícios econômicos futuros associados com o ativo fluirão para a entidade; e

c) o valor justo ou o custo do ativo puder ser mensurado confiavelmente.

8.4.1. Valor justo

O ativo biológico deve ser mensurado ao valor justo, menos a despesa de venda, no momento do reconhecimento inicial e no final de cada período de competência, exceto para os casos, em que o valor justo não pode ser mensurado de forma confiável.

O produto agrícola colhido de ativos biológicos da entidade deve ser mensurado ao valor justo, menos a despesa de venda, no momento da colheita. O valor assim atribuído representa o custo, no momento da aplicação do Pronunciamento Técnico CPC 16(R1) – Estoques, ou de outro pronunciamento.

A mensuração do valor justo para um ativo biológico ou produto agrícola pode ser facilitada pelo agrupamento destes, conforme os atributos significativos reconhecidos no mercado em que os preços são baseados, por exemplo, por idade ou qualidade.

A entidade deve identificar os atributos que correspondem aos usados no mercado como base para a fixação de preço.

As plantas consideradas hospedeiras após a Revisão 08 do CPC devem passar a ser registradas ao seu custo histórico e não mais a valor justo. Exemplo o pé de laranjeira que produz a laranja para ser vendida não mais será avaliada ao valor justo, mas ao seu custo histórico, outro exemplo é o touro reprodutor em que o produto vendido é o sêmen ou uma vaca leiteira cujo produto vendido é o leite. Dessa forma o touro e a vaca são ativos hospedeiros.

8.4.1.1. Venda de produtos agrícolas em data futura

Entidades, frequentemente, fazem contratos para vender seus ativos biológicos ou produtos agrícolas em data futura.

Os preços contratados não são, necessariamente, relevantes na mensuração do valor justo porque este reflete as condições do mercado corrente em que compradores e vendedores participantes do mercado realizariam a transação.

Como consequência, o valor justo de ativo biológico ou produto agrícola não deve ser ajustado em função da existência do contrato. Em alguns casos, um contrato para venda de ativo biológico ou produto agrícola pode ser um contrato oneroso, como definido no

Pronunciamento Técnico CPC 25 – Provisões, Passivos Contingentes e Ativos Contingentes e que é aplicável aos contratos onerosos.

8.4.1.2. Custos versus valor justo

Os custos podem, algumas vezes, se aproximar do valor justo, particularmente, quando:

a) uma pequena transformação biológica ocorrer desde o momento inicial (por exemplo, mudas plantadas no período imediatamente anterior ao de encerramento das demonstrações contábeis ou gado recém-adquirido); ou

b) não for esperado que o impacto da transformação do ativo biológico sobre o preço seja material (por exemplo, para o crescimento inicial da plantação de pinos cujo ciclo de produção é de 30 anos).

Ativos biológicos são, muitas vezes, implantados na terra (por exemplo, árvores de floresta plantada).

Pode não existir um mercado separado para os referidos ativos, mas sim um mercado ativo para a combinação deles, isto é, para os ativos biológicos, terra nua e terras com melhorias, como um conjunto.

A entidade pode usar informações sobre ativos combinados para determinar o valor justo dos ativos biológicos.

Por exemplo, o valor justo da terra nua e da terra com melhorias pode ser deduzido do valor justo dos ativos combinados, visando obter o valor justo do ativo biológico.

8.5. GANHOS E PERDAS

O ganho ou a perda proveniente da mudança no valor justo menos a despesa de venda de ativo biológico reconhecido, desde o momento inicial até o final de cada período, deve ser incluído no resultado do exercício em que tiver origem.

A perda pode ocorrer no reconhecimento inicial de ativo biológico porque as despesas de venda são deduzidas na determinação do valor justo. O ganho pode se originar no reconhecimento inicial de ativo biológico, a exemplo de quando ocorre o nascimento de bezerro.

O ganho ou a perda proveniente do reconhecimento inicial do produto agrícola ao valor justo, menos a despesa de venda, deve ser incluído no resultado do período em que ocorrer. Tanto um quanto o outro podem se originar no reconhecimento inicial do produto agrícola como resultado da colheita.

8.6. INCAPACIDADE PARA MENSURAR DE FORMA CONFIÁVEL O VALOR JUSTO

Há uma premissa de que o valor justo dos ativos biológicos pode ser mensurado de forma confiável.

Contudo, tal premissa pode ser rejeitada no caso de ativo biológico cujo valor devesse ser determinado pelo mercado, porém, este não o tem disponível e as alternativas para estimá-lo não são, claramente, confiáveis.

Em tais situações, o ativo biológico deve ser mensurado ao custo, menos quaisquer depreciações e perdas por irrecuperabilidade acumuladas. Quando o valor justo de tal ativo se tornar mensurável de forma confiável, a entidade deverá mensurá-lo ao seu valor justo menos as despesas de venda.

Quando o ativo biológico classificado no Ativo Não Circulante satisfizer os critérios para ser classificado como mantido para venda (ou incluído em grupo de ativo mantido para essa finalidade), de acordo com o Pronunciamento Técnico CPC 31 – Ativo Não Circulante Mantido para Venda e Operação Descontinuada, presume-se que o valor justo possa ser mensurado de forma confiável.

A presunção pode ser rejeitada somente no reconhecimento inicial. A entidade que tenha mensurado previamente o ativo biológico ao seu valor justo, menos a despesa de venda, continuará a mensurá-lo assim até a sua venda.

Em todos os casos, a entidade deve mensurar o produto agrícola no momento da colheita ao seu valor justo, menos a despesa de venda. A premissa assumida é de que o valor justo do produto agrícola no momento da colheita pode ser sempre mensurado de forma confiável.

Na determinação do custo, da depreciação e da perda por irrecuperabilidade acumuladas, a entidade deve considerar os Pronunciamentos Técnicos CPC 16 (R1), CPC 27 e CPC 01 (R1) – Redução ao Valor Recuperável de Ativos.

8.7. SUBVENÇÃO GOVERNAMENTAL

A subvenção governamental incondicional relacionada a um ativo biológico mensurado ao seu valor justo, menos a despesa de venda, deve ser reconhecida no resultado do período somente quando se tornar recebível.

Se a subvenção governamental, relacionada com o referido ativo mensurado ao seu valor justo, menos a despesa de venda, for condicional, inclusive quando exigir que a entidade não se envolva com uma atividade agrícola especificada, deve-se reconhecê-la no resultado somente quando a condição for atendida.

8.7.1. As diversas formas dos termos e condições das subvenções governamentais

Os termos e as condições das subvenções governamentais variam. Por exemplo, uma subvenção pode requerer que a entidade agrícola cultive, durante 5 anos, em determinada localidade, devendo devolvê-la, integralmente se o cultivo se der em período inferior.

Nesse caso, a subvenção não pode ser reconhecida no resultado antes de se passarem os 5 anos. Contudo, se os termos contratuais permitirem a retenção do valor proporcional à passagem do tempo, seu reconhecimento contábil também deverá ser proporcional.

Se a subvenção governamental estiver relacionada com ativo biológico mensurado ao custo menos qualquer depreciação ou perda irrecuperável acumuladas, o Pronunciamento Técnico CPC 07 (R1) – Subvenção e Assistência Governamentais deve ser aplicado.

Nota-se que as regras aqui abordadas apresentam tratamento diferente do Pronunciamento Técnico CPC 07 (R1) se a subvenção do governo se referir a ativo biológico mensurado pelo seu valor justo menos despesas estimadas de venda ou se a subvenção do governo exigir que a entidade não se ocupe de uma atividade agrícola específica.

O Pronunciamento Técnico CPC 07 (R1) somente é aplicado à subvenção governamental relacionada a ativo biológico mensurado pelo seu custo menos qualquer depreciação acumulada e quaisquer perdas irrecuperáveis acumuladas.

8.8. DIVULGAÇÃO

8.8.1. Geral

A entidade deve divulgar o ganho ou a perda do período corrente em relação ao valor inicial do ativo biológico e do produto agrícola e, também, o ganho ou a perda decorrentes da mudança no valor justo, menos a despesa de venda dos ativos biológicos.

A entidade deve fornecer uma descrição de cada grupo de ativos biológicos.

A divulgação requerida pode ter a forma dissertativa ou quantitativa.

8.8.1.1. Descrição dos ativos biológicos

A entidade é encorajada a fornecer uma descrição da quantidade de cada grupo de ativos biológicos, distinguindo entre consumíveis e de produção ou entre maduros e imaturos, conforme apropriado.

Por exemplo, a entidade pode divulgar o total desses ativos passíveis de serem consumidos e aqueles disponíveis para produção por grupos.

É facultado à entidade, ainda, dividir o mencionado total entre ativos maduros e imaturos. Tais distinções podem ser úteis na determinação da influência do tempo no fluxo de caixa futuro, desde que a entidade divulgue a base para realizá-las.

8.8.1.1.1. Ativos biológicos consumíveis e para produção – Definição

Ativos biológicos consumíveis são aqueles passíveis de serem colhidos como produto agrícola ou vendidos como ativos biológicos.

Exemplos desses ativos consumíveis são os rebanhos de animais mantidos para a produção de carne, destinados à venda, a produção de peixe, as plantações de milho e trigo, e as árvores para produção de madeira.

Já os ativos biológicos para produção são os demais tipos, como, por exemplo, rebanhos de animais para produção de leite, árvores frutíferas das quais é colhido os frutos. Ativos biológicos de produção não são produtos agrícolas, são, sim, mantidos para produzir produtos.

8.8.1.1.2. Ativos biológicos maduros ou imaturos

Ativos biológicos podem ser classificados como maduros ou imaturos.

Os maduros são aqueles que alcançaram a condição para serem colhidos (ativos biológicos consumíveis) ou que estão aptos para sustentar colheitas regulares (ativos biológicos de produção).

As demonstrações contábeis devem divulgar, caso isso não tenha sido feito de outra forma:

a) a natureza das atividades envolvendo cada grupo de ativos biológicos; e

b) mensurações ou estimativas não financeiras de quantidades físicas:

b.1) de cada grupo de ativos biológicos no final do período; e

b.2) da produção agrícola durante o período.

8.8.1.2. Ativos biológicos cuja titularidade legal seja restrita

A entidade deve divulgar:

a) a existência e o total de ativos biológicos cuja titularidade legal seja restrita e o montante deles dado como garantia de exigibilidades;

b) o montante de compromissos relacionados com o desenvolvimento ou a aquisição de ativos biológicos; e

c) as estratégias de administração de riscos financeiros relacionadas com a atividade agrícola.

8.8.1.3. Conciliação das mudanças no valor contábil de ativos biológicos

A entidade deve apresentar a conciliação das mudanças no valor contábil de ativos biológicos entre o início e o fim do período corrente. Tal conciliação inclui:

a) ganho ou perda decorrente da mudança no valor justo menos a despesa de venda;

b) aumentos graças às compras;

c) reduções atribuíveis às vendas e aos ativos biológicos classificados como mantidos para venda ou incluídos em grupo de ativos mantidos para essa finalidade, de acordo com o Pronunciamento Técnico CPC 31 – Ativo Não Circulante Mantido para Venda e Operação Descontinuada;

d) reduções em virtude das colheitas;

e) aumento resultante da combinação de negócios;

f) diferenças cambiais líquidas decorrentes de conversão das demonstrações contábeis para outra moeda de apresentação e, também, de conversão de operações em moeda estrangeira para a moeda de apresentação das demonstrações da entidade; e

g) outras mudanças.

8.8.1.4. Mudanças nos preços dos ativos biológicos em razão das mudanças físicas e mercadológicas

O valor justo, menos a despesa de venda de um ativo biológico, pode se alterar por causa de mudanças físicas e, também, de preços no mercado.

Divulgações separadas são úteis para avaliar o desempenho do período corrente e para fazer projeções futuras, particularmente, quando há um ciclo de produção que compreende período superior a 1 ano.

Em tais casos, a entidade é encorajada a divulgar, por grupo, ou de outra forma, o total da mudança no valor justo menos a despesa de venda, incluído no resultado, referente às mudanças físicas e de preços no mercado. Geralmente, essa informação não é tão útil quando o ciclo de produção é menor que 1 ano (por exemplo, quando se criam frangos ou se cultivam cereais).

8.8.1.4.1. Causadores das mudanças físicas

A transformação biológica resulta em várias mudanças físicas – crescimento, degeneração, produção e procriação, podendo cada uma delas ser observada e mensurada.

Cada uma dessas mudanças tem relação direta com os benefícios econômicos futuros. A mudança no valor justo de ativo biológico por causa da colheita também é uma mudança física.

A atividade agrícola é, frequentemente, exposta aos riscos climáticos, de doenças e a outros riscos naturais. Se um evento ocorre e dá origem a um item material de receita ou despesa, a natureza e o total devem ser divulgados de acordo com o Pronunciamento Técnico CPC 26 (R1) – Apresentação das Demonstrações Contábeis. Exemplos desses eventos incluem surtos de viroses, inundações, seca, geada e praga de insetos.

8.8.2. Divulgação adicional para ativo biológico cujo valor justo não pode ser mensurado de forma confiável

Se a entidade mensura ativos biológicos pelo custo, menos quaisquer depreciações e perdas no valor recuperável acumuladas, no final do período, deve divulgar:

a) uma descrição dos ativos biológicos;

b) uma explicação da razão pela qual o valor justo não pode ser mensurado de forma confiável;

c) se possível, uma faixa de estimativas dentro da qual existe alta probabilidade de se encontrar o valor justo;

d) o método de depreciação utilizado;

e) a vida útil ou a taxa de depreciação utilizada; e

f) o total bruto e a depreciação acumulada (adicionada da perda por irrecuperabilidade acumulada) no início e no final do período.

8.8.2.1. Mensuração de ganho ou perda sobre a venda dos ativos biológicos

Se durante o período corrente a entidade mensurar os ativos biológicos ao seu custo, menos depreciação e perda no valor recuperável acumuladas, esta deve divulgar qualquer ganho ou perda reconhecido sobre a venda de tais ativos, e a conciliação requerida deve evidenciar o total relacionado com esses ativos, em separado. Adicionalmente, a conciliação tem de conter os seguintes montantes, incluídos no resultado e decorrentes desses ativos:

a) perdas irrecuperáveis;
b) reversão de perdas no valor recuperável; e
c) depreciação.

8.8.2.2. Valor justo com mensuração confiável

Se o valor justo dos ativos biológicos, previamente mensurados ao custo, menos quaisquer depreciações e perdas no valor recuperável acumuladas, se tornar mensurável de forma confiável durante o período corrente, a entidade deve divulgar:

a) uma descrição desses ativos;
b) uma explicação da razão pela qual a mensuração do valor justo se tornou mensurável de forma confiável; e
c) o efeito da mudança.

8.8.3. Subvenção governamental

Em se tratando de subvenção governamental, a entidade deve fazer as seguintes divulgações:

a) a natureza e a extensão das subvenções governamentais reconhecidas nas demonstrações contábeis;
b) as condições não atendidas e outras contingências associadas com a subvenção governamental; e
c) as reduções significativas esperadas ao nível de subvenções governamentais.

8 – Ativo Biológico e Produto Agrícola – CPC 29

8.9. Cultura Temporária – Método de Custo

Dados

Semente	15.000
Adubo	12.000
Mão de Obra	8.000
Colheita	7.000
Venda	60.000

Pelos gastos

Conta	Débito	Crédito
Cultura Temporária (Ativo Circulante) Ativo Biológico Milho	42.000	
Banco Conta Movimento (Ativo Circulante)		42.000

Pela transferência para o estoque

Conta	Débito	Crédito
Estoque (Ativo Circulante) Produtos Agrícolas Milho	42.000	
Cultura Temporária (Ativo Circulante) Ativo Biológico Milho		42.000

Pela venda dos produtos agrícolas

Conta	Débito	Crédito
Banco Conta Movimento (Ativo Circulante)	60.000	
Receita de Venda (Conta de Resultado)		60.000

Pela baixa dos produtos agrícolas

Conta	Débito	Crédito
Custo dos Produtos Agrícolas (Conta de Resultado) Milho	42.000	
Estoque (Ativo Circulante) Produtos Agrícolas Milho		42.000

8.10. Cultura Temporária – Método pelo Valor Justo

8.10.1. Balanço inicial para o exemplo

Balanço

Ativo	12/20X0
Circulante	
Disponível	
Caixa	
Bancos	500.000
Estoque	
Não Circulante	
Investimento	
Imobilizado	
Terras	1.800.000
Intangível	
Total do Ativo	**2.300.000**
Passivo	
Circulante	
Não Circulante	
Patrimônio Líquido	
Capital	
Capital Subscrito	2.300.000

Ativo	12/20X0
Lucros Acumulados	
Total do Passivo	**2.300.000**

8.10.2. Dados em 04/20X1

Gastos com sementes	25.000
Gastos com adubos	28.000
Gastos com Mão de Obra Direta	40.000

Pelos gastos com semente

Conta	Débito	Crédito
Cultura Temporária (Ativo Circulante) Ativo Biológico Milho – Custo	25.000	
Banco Conta Movimento (Ativo Circulante)		25.000

Pelos gastos com adubo

Conta	Débito	Crédito
Cultura Temporária (Ativo Circulante) Ativo Biológico Milho – Custo	28.000	
Banco Conta Movimento (Ativo Circulante)		28.000

Pelos gastos com mão de obra

Conta	Débito	Crédito
Cultura Temporária (Ativo Circulante) Ativo Biológico Milho – Custo	40.000	
Banco Conta Movimento (Ativo Circulante)		40.000

Valor Justo do Milho

Valor Justo	125.000
(-) Custo	93.000
Avaliação a Valor Justo	32.000

Pela avaliação a valor justo

Conta	Débito	Crédito
Cultura Temporária (Ativo Circulante) Ativo Biológico Milho – AVJ	32.000	
Avaliação a Valor Justo (Conta de Resultado)		32.000

No caso do valor de mercado ser menor que o custo registrado, o registro contábil será o seguinte (este lançamento não será demonstrado no balanço e Demonstração de Resultado, somente foi apresentado para verificar como se procede ao lançamento).

Pela avaliação a valor justo

Conta	Débito	Crédito
Avaliação a Valor Justo (Conta de Resultado)	8.000	
Cultura Temporária (Redutora do Ativo Circulante) Ativo Biológico Milho – AVJ		8.000

8 – Ativo Biológico e Produto Agrícola – CPC 29

Balanço

Ativo	04/20X1
Circulante	
Disponível	
Caixa	
Bancos	407.000
Estoque	
Ativo Biológico	
Milho – Custo	93.000
Milho – AVJ	32.000
Não circulante	
Investimento	
Imobilizado	
Terras	1.800.000
Intangível	
Total do Ativo	**2.332.000**
Passivo	
Circulante	
Não Circulante	
Patrimônio Líquido	
Capital	
Capital Subscrito	2.300.000
Lucros Acumulados	32.000
Total do Passivo	**2.332.000**

Demonstração do Resultado

Contas	04/20X1
Receita Bruta	
Venda da Produção	
Dedução da Receita Bruta	
Impostos sobre Vendas	
Custos dos Produtos	
Custos dos Produtos Vendidos	
Outras Receitas	
Ganho AVJ – Ativo Biológico	32.000
Resultado Líquido do Período	32.000

8.10.3. Novos gastos em 07/20X1

Gastos com herbicida   22.000

Gastos com a colheita   38.000

Pelos gastos com herbicida

Conta	Débito	Crédito
Cultura Temporária (Ativo Circulante) Ativo Biológico Milho – Custo	22.000	
Banco Conta Movimento (Ativo Circulante)		22.000

Gastos com a colheita 38.000

Pelos gastos com a colheita

Conta	Débito	Crédito
Cultura Temporária (Ativo Circulante) Ativo Biológico Milho – Custo	38.000	
Banco Conta Movimento (Ativo Circulante)		38.000

8.10.4. Valor da produção no mercado

Valor de mercado do milho 65,00 por saca

Produção de 3.500 sacas

Valor Justo   227.500 (65 x 3.500)

(-) Custo   183.000 (153.000 + 32.000)

AVJ   42.500

Pela avaliação a valor justo

Conta	Débito	Crédito
Cultura Temporária (Ativo Circulante) Ativo Biológico Milho – AVJ	42.500	
Avaliação a Valor Justo (Conta de Resultado)		42.500

Balanço

Ativo	07/20X1
Circulante	
Disponível	
Caixa	
Bancos	347.000
Estoque	
Ativo Biológico	
Milho – Custo	153.000
Milho – AVJ	74.500
Não Circulante	
Investimento	
Imobilizado	

Ativo	07/20X1
Terras	1.800.000
Intangível	
Total do Ativo	**2.374.500**
Passivo	
Circulante	
Não Circulante	
Patrimônio Líquido	
Capital	
Capital Subscrito	2.300.000
Lucros Acumulados	74.500
Total do Passivo	**2.374.500**

Demonstração do Resultado

Contas	07/20X1
Receita Bruta	
Venda da Produção	
Dedução da Receita Bruta	
Impostos sobre Vendas	
Custos dos Produtos	
Custos dos Produtos Vendidos	
Outras Receitas	
Ganho AVJ – Ativo Biológico	42.500
Resultado Líquido do Período	42.500

8.10.5. Estoque de produtos colhidos

Transferência dos produtos agrícolas colhidos para o estoque em 08/20X1.

Pela transferência para o estoque

Conta	Débito	Crédito
Estoque (Conta de Resultado) Produtos Agrícolas Milho	227.500	
Cultura Temporária (Redutora do Ativo Circulante) Ativo Biológico Milho – Custo Milho – AVJ		153.000 74.500

Nota: a partir deste lançamento, segue o CPC 16 – Método de Custo.

Balanço

Ativo	08/20X1
Circulante	
Disponível	
Caixa	
Bancos	347.000
Estoque	
Ativo Biológico	
Produtos Agrícolas	
Milho	227.500
Não Circulante	
Investimento	

Ativo	08/20X1
Imobilizado	
Terras	1.800.000
Intangível	
Total do Ativo	**2.374.500**
Passivo	
Circulante	
Não Circulante	
Patrimônio Líquido	
Capital	
Capital Subscrito	2.300.000
Lucros Acumulados	74.500
Total do Passivo	**2.374.500**

8.10.6. Venda da safra (segue o CPC 16)

Venda de 3.000 sacas de milho ao preço de 65,00 a saca em 10/20X1.

Pela venda dos produtos agrícolas

Conta	Débito	Crédito
Banco Conta Movimento (Ativo Circulante)	195.000	
Receita de Venda (Conta de Resultado)		195.000

Pela baixa dos produtos agrícolas

Conta	Débito	Crédito
Custo dos Produtos Agrícolas (Conta de Resultado) Milho	195.000	
Estoque (Ativo Circulante) Produtos Agrícolas Milho		195.000

Demonstração do Resultado

Contas	10/20X1
Receita Bruta	
Venda da Produção	195.000
Dedução da Receita Bruta	
Impostos sobre Vendas	
Custos dos Produtos	
Custos dos Produtos Vendidos	195.000
Outras Receitas	
Ganho AVJ – Ativo Biológico	
Resultado Líquido do Período	0

Balanço

Ativo	10/20X1
Circulante	
Disponível	
Caixa	
Bancos	542.000
Estoque	
Ativo Biológico	
Produtos Agrícolas	
Milho	32.500
Não Circulante	
Investimento	
Imobilizado	
Terras	1.800.000
Intangível	
Total do Ativo	**2.374.500**
Passivo	
Circulante	
Não Circulante	
Patrimônio Líquido	
Capital	
Capital Subscrito	2.300.000
Lucros Acumulados	74.500
Total do Passivo	**2.374.500**

Demonstrativo de Fluxo de Caixa pelo método direto

	04/20X1	07/20X1	10/20X1
Fluxo de Caixa Atividade Operacional			0
Recebimento da Venda de Milho	0	0	195.000
Ativo Biológico – AVJ	125.000	227.500	0
Produtos Agrícolas – Custo	93.000	183.000	195.000
Caixa Líquido das Operações	32.000	42.500	0
Fluxo de Caixa de investimento			
Imobilizado			
Caixa Líquido da Atividade de Investimento			
Aumento do Caixa			
Saldo Inicial	500.000	407.000	347.000
Saldo Final	407.000	347.000	542.000

NOTA

Embora o CPC determine o método de contabilização ao valor justo, na prática, não é muito usado tendo em vista que as culturas temporárias são apuradas muito rápidas em média seis meses. Neste caso, é utilizado o modo de custo, tendo em vista que custo e valor justo são muito próximos.

8.11. Cultura Permanente – Avaliação a Valor Justo

Dados:

Exploração de Eucalipto

Prazo da cultura: três anos

Venda do produto no quarto ano

Balanço no inicio da cultura

Ativo	31.12.20X0
Circulante	
Disponível	
Caixa	
Banco	1.000.000
Estoque	
Não Circulante	
Investimento	
Imobilizado	
Terras	4.000.000
Intangível	
Total do Ativo	**5.000.000**
Passivo	**Valores**
Patrimônio Líquido	
Capital	
Capital Subscrito	5.000.000
Total do Passivo	**5.000.000**

1º Ano:

Gastos com o plantio no valor de   400.000

Gastos com Mão de Obra Direta no valor de   60.000

Pelos gastos com o plantio

Conta	Débito	Crédito
Cultura Permanente (Ativo Não Circulante) Ativo Biológico Pinos – Custo	400.000	
Banco Conta Movimento (Ativo Circulante)		400.000

Pelos gastos com Mão de Obra Direta

Conta	Débito	Crédito
Cultura Permanente (Ativo Não Circulante) Ativo Biológico Pinos – Custo	60.000	
Banco Conta Movimento (Ativo Circulante)		60.000

Avaliação a Valor Justo em 31.12.20X1

Valor justo dos pinos: 270.000

Valor Justo	540.000
(-) Custo	460.000
= Avaliação a Valor Justo	80.000

Pelos AVJ

Conta	Débito	Crédito
Cultura Permanente (Ativo Não Circulante) Ativo Biológico Pinos – AVJ	80.000	
Valor Justo (Conta de Resultado)		80.000

Balanço

Ativo	31.12.20X1
Circulante	
Disponível	
Caixa	
Banco	540.000
Estoque	
Não Circulante	
Investimento	
Imobilizado	

Ativo	31.12.20X1
Terras	4.000.000
Cultura Permanente	
Eucalipto – Custo	460.000
Pinos – VJ	80.000
Intangível	
Total do Ativo	**5.080.000**
Passivo	**Valores**
Circulante	
Não Circulante	
Patrimônio Líquido	
Capital	
Capital Subscrito	5.000.000
Lucros Acumulados	80.000
Total do Passivo	**5.080.000**

Demonstração do Resultado

Contas	Valores
Receita Bruta	
Venda da Produção	
Dedução da Receita Bruta	
Impostos sobre Vendas	
Custos dos Produtos	
Custos dos Produtos Vendidos	
Outras Receitas	
Ganho AVJ – Ativo Biológico	80.000
Resultado Líquido do Período	80.000

2º Ano:

Gastos com Mão de Obra Direta no valor de 20.000

Pelos gastos com Mão de Obra Direta

Conta	Débito	Crédito
Cultura Permanente (Ativo Não Circulante) Ativo Biológico Eucalipto – Custo	20.000	
Banco Conta Movimento (Ativo Circulante)		20.000

Avaliação a Valor Justo em 31.12.20X2

Valor justo dos eucaliptos: 600.000

Valor Justo	600.000
(-) Custo	480.000
(-) AVJ de 31.12.20X1	80.000
= Avaliação a Valor Justo	40.000

Pelos AVJ

Conta	Débito	Crédito
Cultura Permanente (Ativo Não Circulante) Ativo Biológico Eucalipto – AVJ	40.000	
Valor Justo (Conta de Resultado)		40.000

Balanço

Ativo	31.12.20X2
Circulante	
Disponível	
Caixa	
Banco	520.000
Estoque	

Ativo	31.12.20X2
Não Circulante	
Investimento	
Imobilizado	
Terras	4.000.000
Cultura Permanente	
Pinos – Custo	480.000
Pinos – VJ	120.000
Intangível	
Total do Ativo	**5.120.000**
Passivo	**Valores**
Circulante	
Não Circulante	
Patrimônio Líquido	
Capital	
Capital Subscrito	5.000.000
Lucros Acumulados	120.000
Total do Passivo	**5.120.000**

Demonstração do Resultado

Contas	Valores
Receita Bruta	
Venda da Produção	
Dedução da Receita Bruta	
Impostos sobre Vendas	
Custos dos Produtos	
Custos dos Produtos Vendidos	
Outras Receitas	
Ganho AVJ – Ativo Biológico	40.000
Resultado Líquido do Período	40.000

3º Ano:

Gastos com Mão de Obra Direta no valor de   30.000
Gastos com a colheita no valor de   70.000

Pelos gastos com Mão de Obra Direta

Conta	Débito	Crédito
Cultura Permanente (Ativo Não Circulante) Ativo Biológico Eucalipto – Custo	30.000	
Banco Conta Movimento (Ativo Circulante)		30.000

Pelos gastos com a colheita

Conta	Débito	Crédito
Cultura Permanente (Ativo Não Circulante) Ativo Biológico Eucalipto – Custo	70.000	
Banco Conta Movimento (Ativo Circulante)		70.000

Avaliação a Valor Justo em 31.12.20X3

Valor justo dos eucaliptos: 760.000

Valor Justo	760.000
(-) Custo	580.000
(-) AVJ de 31.12.20X1+20X2	120.000
= Avaliação a Valor Justo	60.000

Pelos AVJ

Conta	Débito	Crédito
Cultura Permanente (Ativo Não Circulante) Ativo Biológico Eucalipto – AVJ	60.000	
Valor Justo (Conta de Resultado)		60.000

Como o produto já foi retirado, haverá a transferência para o estoque de produtos agrícolas.

Pela transferência para o estoque

Conta	Débito	Crédito
Estoque (Ativo Circulante) Produtos Agrícolas Madeira	760.000	
Cultura Permanente (Ativo Não Circulante) Ativo Biológico Eucalipto – Custo		580.000
Cultura Permanente (Ativo Não Circulante) Ativo Biológico Eucalipto – AVJ		180.000

Balanço

Ativo	31.12.20X3
Circulante	
Disponível	
Caixa	
Banco	420.000
Estoque	
Produtos Agrícolas – Eucaliptos	760.000
Não Circulante	
Investimento	
Imobilizado	
Terras	4.000.000
Cultura Permanente	
Eucalipto – Custo	
Eucalipto – VJ	

8 – Ativo Biológico e Produto Agrícola – CPC 29

Ativo	31.12.20X3
Intangível	
Total do Ativo	**5.180.000**
Passivo	**Valores**
Circulante	
Não Circulante	
Patrimônio Líquido	
Capital	
Capital Subscrito	5.000.000
Lucros Acumulados	180.000
Total do Passivo	**5.180.000**

Demonstração do Resultado

Contas	Valores
Receita Bruta	
Venda da Produção	
Dedução da Receita Bruta	
Impostos sobre Vendas	
Custos dos Produtos	
Custos dos Produtos Vendidos	
Outras Receitas	
Ganho AVJ – Ativo Biológico	60.000
Resultado Líquido do Período	60.000

Venda do produto agrícola Eucalipto em 20X4 no valor de 760.000.

Pela venda

Conta	Débito	Crédito
Banco Conta Movimento (Ativo Circulante)	760.000	
Receita de Venda (Conta de Resultado)		760.000

Pelo custo dos produtos vendidos

Conta	Débito	Crédito
Custo dos Produtos Vendidos (Conta de Resultado)	760.000	
Estoque (Ativo Circulante) Produtos Agrícolas Madeira		760.000

Balanço

Ativo	31.12.20X4
Circulante	
Disponível	
Caixa	
Banco	1.180.000
Estoque	
Produtos Agrícolas – Eucaliptos	
Não Circulante	
Investimento	
Imobilizado	
Terras	4.000.000
Cultura Permanente	
Eucalipto – Custo	

8 – Ativo Biológico e Produto Agrícola – CPC 29

Ativo	31.12.20X4
Eucalipto – VJ	
Intangível	
Total do Ativo	**5.180.000**
Passivo	**Valores**
Circulante	
Não Circulante	
Patrimônio Líquido	
Capital	
Capital Subscrito	5.000.000
Lucros Acumulados	180.000
Total do Passivo	**5.180.000**

Demonstração do Resultado

Contas	Valores
Receita Bruta	760.000
Venda da Produção	760.000
Dedução da Receita Bruta	
Impostos sobre Vendas	
Custos dos Produtos	
Custos dos Produtos Vendidos	760.000
Outras Receitas	
Ganho AVJ – Ativo Biológico	
Resultado Líquido do Período	0

9

REDUÇÃO AO VALOR RECUPERÁVEL DE ATIVOS CPC 01 (R1)

9.1. INTRODUÇÃO

O CPC 01(R1) dispõe sobre a redução ao valor recuperável de ativos. Este Pronunciamento foi elaborado a partir do *Impairment of Assets* (IAS) 36, emitido pelo *International Accounting Standards Board* (Iasb). Sua utilização produz reflexos contábeis que estão em conformidade com o documento editado pelo Iasb e se aplica a todos os ativos relevantes relacionados às atividades industriais, comerciais, agropecuárias, minerais, financeiras, de serviços e outras, orientando como identificar um ativo que pode estar desvalorizado, como mensurar o valor recuperável e quais as exigências para reconhecer e mensurar perdas por desvalorização. Serão apresentados os principais pontos deste procedimento.

9.2. OBJETIVO E ALCANCE

O objetivo é estabelecer procedimentos que a entidade deve aplicar para assegurar que os ativos não estejam registrados contabilmente por um valor superior àquele passível de ser recuperado pelo uso ou pela venda destes.

Assim, no caso de existir evidências claras de que ativos estão avaliados por valor não recuperável no futuro, a entidade deverá imediatamente reconhecer a desvalorização por meio de ajuste para perdas por desvalorização.

Estabelece, ainda, o momento em que a entidade deve reverter os referidos ajustes para perdas e quais divulgações são necessárias.

As regras constantes deste procedimento são aplicáveis na contabilização de ajustes para perdas por desvalorização de todos os ativos, exceto:

a) estoques (CPC 16 (R1) – Estoques);

b) ativos de contrato e ativos resultantes de custos para obter ou cumprir contratos (reconhecido nos termos do CPC 47 – Receita de Contrato com Cliente);

c) ativos fiscais diferidos (CPC 32 – Tributos sobre o Lucro);

d) ativos advindos de planos de benefícios a empregados (CPC 33 – Benefícios a Empregados);

e) ativos financeiros que estejam no alcance dos Pronunciamentos Técnicos CPC que disciplinam instrumentos financeiros;

f) propriedades para investimento que seja mensurada ao valor justo (CPC 28 – Propriedade para Investimento);

g) ativos biológicos relacionados à atividade agrícola que sejam mensurados ao valor justo líquido de despesas de venda (CPC 29 – Ativo Biológico e Produto Agrícola);

h) custos de aquisição diferidos e ativos intangíveis advindos de direitos contratuais de companhia de seguros contidos em contrato de seguro que estejam no alcance do CPC 11 – Contratos de Seguros; e

i) ativos não circulantes (ou grupos de ativos disponíveis para venda) classificados como mantidos para venda em consonância com o CPC 31 – Ativo Não Circulante Mantido para Venda e Operação Descontinuada.

9.3. DEFINIÇÕES

Para o melhor entendimento, seguem alguns significados importantes:

a) valor recuperável de um ativo ou de uma unidade geradora de caixa – é o maior montante entre o seu valor justo líquido de despesa de venda e o seu valor em uso;

b) valor em uso – é o valor presente de fluxos de caixa futuros esperados, que devem advir de um ativo ou de uma unidade geradora de caixa;

c) Valor justo é o preço que seria recebido pela venda de um ativo ou que seria pago pela transferência de um passivo em uma transação não forçada entre participantes do mercado na data de mensuração. (CPC 46 – Mensuração do Valor Justo);

d) valor contábil – é o valor pelo qual um ativo está reconhecido no balanço depois da dedução de toda respectiva depreciação, amortização ou exaustão acumulada e ajuste para perdas;

e) despesas de venda ou de baixa – são despesas incrementais diretamente atribuíveis à venda ou à baixa de um ativo ou de uma unidade geradora de caixa, excluindo as despesas financeiras e de impostos sobre o resultado gerado;

f) perda por desvalorização – é o valor pelo qual o valor contábil de um ativo ou de uma unidade geradora de caixa excede seu valor recuperável;

g) depreciação, amortização e exaustão – é a alocação sistemática do valor depreciável, amortizável e exaurível de ativos durante sua vida útil;

h) valor depreciável, amortizável e exaurível – é o custo de um ativo, ou outra base que substitua o custo nas demonstrações contábeis, menos o seu valor residual;

i) Valor em uso é o valor presente de fluxos de caixa futuros esperados que devem advir de um ativo ou de unidade geradora de caixa;

j) vida útil é:

   j.1) o período de tempo durante o qual a entidade espera utilizar um ativo; ou

   j.2) o número de unidades de produção ou de unidades semelhantes que a entidade espera obter do ativo;

k) unidade geradora de caixa – é o menor grupo identificável de ativos que gera entradas de caixa, que são em grande parte independentes das entradas de caixa de outros ativos ou de grupos de ativos;

l) ativos corporativos – são ativos, exceto ágio por expectativa de rentabilidade futura (*goodwill*), que contribuem, mesmo que indiretamente, para os fluxos de caixa futuros, tanto da unidade geradora de caixa sob revisão, quanto da de outras unidades geradoras de caixa.

9.4. IDENTIFICAÇÃO DE ATIVOS DESVALORIZADOS

Quando o valor contábil do ativo exceder o seu valor recuperável, significa que esse ativo está desvalorizado.

Ao avaliar se há algum indício de que um ativo possa ter sofrido desvalorização, a entidade deve considerar, no mínimo, as seguintes indicações:

a) fontes externas de informação:

   a.1) há indicações observáveis de que o valor do ativo diminuiu significativamente durante o período, mais do que seria de se esperar como resultado da passagem do tempo ou do uso normal;

   a.2) mudanças significativas com efeito adverso sobre a entidade ocorreram durante o período, ou ocorrerão em futuro próximo, no ambiente tecnológico, de mercado, econômico ou legal, no qual a entidade opera ou no mercado para o qual o ativo é utilizado;

   a.3) as taxas de juros de mercado ou outras taxas de mercado de retorno sobre investimentos aumentaram durante o período, e esses aumentos provavelmente afetarão a taxa de desconto utilizada no cálculo do valor em uso de um ativo e diminuirão significativamente o valor recuperável do ativo;

a.4) o valor contábil do Patrimônio Líquido da entidade é maior do que o valor de suas ações no mercado;

b) fontes internas de informações:

b.1) evidências disponíveis de obsolescência ou de dano físico de um ativo;

b.2) mudanças significativas, com efeito adverso sobre a entidade, ocorreram durante o período, ou devem ocorrer em futuro próximo, na extensão pela qual, ou na maneira pela qual, um ativo é ou será usado. Essas mudanças incluem o ativo que se torna inativo ou ocioso, planos para descontinuidade ou reestruturação da operação à qual um ativo pertence, planos para baixa de ativo antes da data anteriormente esperada e reavaliação da vida útil de ativo como finita ao invés de indefinida; e

b.3) evidências disponíveis, provenientes de relatório interno, que indiquem que o desempenho econômico de um ativo é ou será pior que o esperado;

c) dividendo de controlada, empreendimento controlado em conjunto ou coligada: para um investimento em controlada, empreendimento controlado em conjunto ou coligada, a investidora reconhece dividendo advindo desse investimento e existe evidência disponível de que:

c.1) o valor contábil do investimento nas demonstrações contábeis separadas excede os valores contábeis dos ativos líquidos da investida reconhecidos nas demonstrações consolidadas, incluindo eventual ágio por expectativa de rentabilidade futura (*goodwill*); ou

c.2) o dividendo excede o total de lucro abrangente da controlada, empreendimento controlado em conjunto ou coligada no período em que o dividendo é declarado.

A entidade pode identificar outras indicações ou fontes de informação de que um ativo pode ter se desvalorizado, exigindo que se determine o seu valor recuperável ou, no caso do ágio pago por expectativa de rentabilidade futura (goodwill), proceda ao teste de recuperação.

Independentemente de existir ou não qualquer indicação de redução ao valor recuperável, uma entidade deverá testar:

a) no mínimo, anualmente, a redução ao valor recuperável de um ativo intangível com vida útil indefinida ou de um ativo intangível ainda não disponível para uso, comparando o seu valor contábil com seu valor recuperável. Esse teste poderá ser executado a qualquer momento no período de um ano, desde que seja executado, todo ano, no mesmo período;

A capacidade de um ativo intangível gerar benefícios econômicos futuros suficientes para recuperar seu valor contábil é usualmente sujeita a maior incerteza na fase que este ainda não está disponível para uso do que na fase em que ele já se encontra disponível para uso. Por essa razão, a entidade deve proceder ao teste por desvalorização, no mínimo anualmente, de ativo intangível que ainda não esteja disponível para uso.

b) anualmente, o ágio pago por expectativa de rentabilidade futura (goodwill) em uma aquisição de negócios.

Para fins de teste de redução ao valor recuperável, o ágio (goodwill) pago em uma aquisição em decorrência de expectativa de resultado futuro deverá, a partir da aquisição, ser alocado a cada uma das unidades geradoras de caixa, que devem se beneficiar das sinergias da aquisição, independentemente de os outros ativos ou passivos da entidade adquirida serem ou não atribuídos a essas unidades ou grupos de unidades. Cada unidade ou grupo de unidades ao qual o ágio (goodwill) é alocado dessa forma deverá:

1) representar o nível mais baixo dentro da entidade no qual o ágio (goodwill) é monitorado para fins administrativos internos; e

2) não ser maior do que um segmento, baseado tanto no formato de relatório primário como no secundário da entidade, deter-

minado, quando aplicável, de acordo com o relatório por segmento quando essa forma de evidência for utilizada pela entidade.

No caso de haver indicação de que um ativo possa ter sofrido desvalorização, isso pode indicar que a vida útil remanescente, o método de depreciação, amortização e exaustão ou o valor residual para o ativo necessitem ser revisados e ajustados, mesmo que os cálculos posteriormente indiquem não ser necessário reconhecer tal desvalorização.

9.5. DETERMINAÇÃO DO VALOR RECUPERÁVEL

Valor recuperável nada mais é do que o maior valor entre o valor justo líquido de despesas de venda de um ativo e o seu valor em uso. Caso um desses valores exceda o valor contábil do ativo, não haverá desvalorização nem necessidade de estimar o outro valor.

Mesmo que um ativo não seja negociado em mercado ativo, é possível determinar o seu valor justo líquido de despesas de venda. Porém, algumas vezes, isso não será possível, porque não há base para se fazer uma estimativa confiável do valor a ser obtido pela venda do ativo em uma transação em bases comutativas, entre partes conhecedoras e interessadas. Nesse caso, o valor em uso poderá ser utilizado como seu valor recuperável.

Não havendo razão para acreditar que o valor em uso de um ativo exceda significativamente seu valor justo líquido das despesas de venda, o valor líquido das despesas de venda poderá ser considerado como seu valor recuperável. Esse é o caso, por exemplo, de um ativo que é mantido para alienação. Isso ocorre porque o seu valor em uso corresponderá principalmente às receitas líquidas da baixa, uma vez que os futuros fluxos de caixa do uso contínuo do ativo, até sua baixa, provavelmente serão irrisórios.

O valor recuperável é determinado para um ativo isolado, a menos que o ativo não gere entradas de caixa provenientes de seu uso contínuo, que são em grande parte independentes daquelas provenientes de outros ativos ou de grupos de ativos. Se esse for o caso, o valor recuperável é determinado para a unidade geradora de caixa (veja subtópico 9.7 deste procedimento) à qual o ativo pertence, a menos que:

a) valor justo líquido de despesas de venda do ativo seja maior do que seu valor contábil; ou

b) o valor em uso do ativo possa ser estimado como sendo próximo do valor justo líquido de despesas de alienação e este possa ser mensurado.

9.6. RECONHECIMENTO DAS PERDAS

As exigências estabelecidas para reconhecer e mensurar perdas por desvalorização para um ativo individual são:

a) se o valor recuperável de um ativo for menor do que seu valor contábil, o seu valor contábil deve ser reduzido ao seu valor recuperável. Essa redução representa uma perda por desvalorização e deverá ser reconhecida imediatamente no resultado do período, a menos que o ativo tenha sido reavaliado;

Qualquer desvalorização de um ativo reavaliado deve ser tratada como uma diminuição do saldo da reavaliação.

b) no caso do valor estimado da perda ser maior do que o valor contábil do ativo ao qual se relaciona, a entidade deverá reconhecer um passivo se, e somente se, isso for exigido por outro Pronunciamento.

Depois do reconhecimento de uma perda por desvalorização, a despesa de depreciação, amortização ou exaustão do ativo deverá ser ajustada em períodos futuros para alocar o valor contábil revisado do ativo, menos seu valor residual, se houver, em uma base sistemática sobre sua vida útil remanescente.

Reconhecida a perda por desvalorização de um ativo, quaisquer ativos ou passivos de impostos diferidos relacionados devem ser determinados comparando-se o valor contábil revisado do ativo com seu valor-base para o cálculo do imposto.

9.7. UNIDADES GERADORAS DE CAIXA

Uma unidade geradora de caixa é o menor grupo de ativos que gera entradas de caixa que são, em grande parte, independentes das entradas de caixa provenientes de outros ativos ou grupos de ativos.

A identificação de uma unidade geradora de caixa requer julgamento. Se o valor recuperável não puder ser determinado para cada ativo, a entidade identificará o menor grupo de ativos que geram entradas de caixa.

As unidades geradoras de caixa devem ser identificadas de maneira consistente, de período para período, para o mesmo ativo ou tipos de ativos, a menos que haja justificativa para uma mudança.

Se houver qualquer indicação de que um ativo possa estar desvalorizado, o valor recuperável deve ser estimado individualmente para cada ativo. Porém, caso não seja possível estimar o valor recuperável individualmente, a entidade deverá determinar o da unidade geradora de caixa à qual o ativo pertence, que é o valor mais alto entre o valor líquido de venda e o valor em uso.

Já o valor contábil de uma unidade geradora de caixa deverá ser determinado de maneira consistente com o modo pelo qual é determinado o seu valor recuperável. Assim, nesse valor contábil:

a) deverá ser incluído o valor contábil somente daqueles ativos que podem ser atribuídos diretamente ou alocados em base razoável e consistente à unidade geradora de caixa, e que gerarão as futuras entradas de caixa utilizadas para determinar o valor em uso da unidade geradora de caixa;

b) deverá ser incluído o ágio ou deságio gerado e relativo aos ativos em decorrência de uma aquisição ou subscrição, cujo fundamento seja a diferença entre o valor de mercado, de parte ou de todos os bens do Ativo, e o respectivo valor contábil; e

c) não deverá ser incluído o valor contábil de qualquer passivo reconhecido, a menos que o valor contábil da unidade geradora de caixa não possa ser determinado sem considerar esse passivo.

Isso ocorre porque o valor líquido de venda e o valor em uso de uma unidade geradora de caixa são determinados excluindo-se os fluxos de caixa que estão relacionados a ativos que não sejam parte dessa unidade geradora e passivos que foram reconhecidos nas demonstrações contábeis.

9.7.1. Determinação de valor recuperável para unidade geradora de caixa

O valor recuperável de uma unidade geradora de caixa é o maior valor entre o valor justo líquido de despesas de venda e o valor em uso.

Por razões práticas, o valor recuperável de uma unidade geradora de caixa é algumas vezes determinado depois de se considerarem os ativos que não são parte da unidade geradora de caixa (por exemplo, contas a receber ou outros ativos financeiros) ou passivos que tenham sido reconhecidos (como, por exemplo, contas a pagar, pensões e outras provisões). Nesses casos, o valor contábil da unidade geradora de caixa deve ser aumentado pelo valor contábil desses ativos e diminuído pelo valor contábil desses passivos.

O valor contábil de uma unidade geradora de caixa deve ser determinado de maneira consistente com o modo pelo qual é determinado o montante recuperável da unidade geradora de caixa.

9.7.2. Desvalorização de uma unidade geradora de caixa

A desvalorização de uma unidade geradora de caixa deverá ser reconhecida somente se o valor recuperável da unidade (grupo de unidades) for menor do que o valor contábil da unidade (grupo de unidades). Dessa forma, a desvalorização deverá ser alocada para reduzir o valor contábil dos ativos da unidade (grupo de unidades) na seguinte ordem:

a) primeiramente, para reduzir o valor contábil de qualquer ágio alocado à unidade geradora de caixa (grupo de unidades); e

b) a seguir, os outros ativos da unidade (grupo de unidades) proporcionalmente ao valor contábil de cada ativo da unidade (grupo de unidades).

Assim, nessa alocação, a entidade não deve reduzir o valor contábil de um ativo abaixo do valor mais alto na comparação entre:

a) seu valor justo líquido de despesa de alienação, se este puder ser mensurado;

b) seu valor em uso, se este puder ser determinado; e

c) zero.

Nos casos em que não seja possível determinar o valor recuperável de um ativo isolado:

a) uma desvalorização deverá ser reconhecida para o ativo se seu valor contábil for maior do que o mais alto entre seu valor líquido de venda e os resultados dos procedimentos de alocação descritos; e

b) nenhuma desvalorização deverá ser reconhecida para o ativo, se a unidade geradora de caixa ao qual está relacionado não sofrer perda de seu valor recuperável; isso se aplica também se o valor líquido de venda do ativo for menor do que seu valor contábil.

9.8. REVERSÃO DA PERDA POR DESVALORIZAÇÃO

A entidade deve avaliar, na data de encerramento do período social, se há alguma indicação, com base nas fontes externas e internas de informação, de que uma perda reconhecida em anos anteriores deva ser reduzida ou eliminada. Em caso positivo, a provisão constituída deverá ser revertida total ou parcialmente a crédito do resultado do período, desde que anteriormente a ele debitada; nos casos em que tenha sido debitada a reserva de reavaliação, esta deverá ser recomposta.

Observa-se que no caso de perda no ágio por expectativa de rentabilidade futura (*goodwill*) não se aplica a reversão

A perda reconhecida em anos anteriores para um ativo somente deverá ser revertida se tiver havido uma mudança nas estimativas usadas para determinar o seu valor recuperável desde a data em que a última desvalorização foi reconhecida. Se for esse o caso, o valor contábil do ativo deverá ser aumentado para seu valor recuperável. Esse aumento ocorrerá pela reversão da perda por desvalorização.

A reversão de uma perda por desvalorização reflete um aumento, desde a data em que a entidade reconheceu pela última vez uma desvalorização de um ativo, no potencial de serviço estimado para um ativo, tanto para uso quanto para venda.

Com isso, a entidade deverá identificar as alterações nas estimativas que causam o aumento no potencial estimado de serviço, as quais podem ser:

a) uma mudança na base do valor recuperável;
b) uma mudança no valor ou no tempo de fluxos de caixa futuros estimados ou na taxa de desconto, isso se o valor recuperável foi baseado em valor em uso; ou
c) uma mudança na estimativa dos componentes do valor justo líquido de despesa de venda, isso se o valor recuperável foi baseado no valor justo líquido de despesa de venda.

À medida que as futuras entradas de caixa se aproximam, o valor em uso de um ativo pode se tornar maior do que seu valor contábil simplesmente porque o valor presente dessas entradas aumenta. Porém, o potencial de serviço do ativo não aumentou. Assim sendo, mesmo que o valor recuperável do ativo se torne mais elevado do que seu valor contábil, a perda por desvalorização não deve ser revertida simplesmente por causa do decorrer do tempo.

9.9. DIVULGAÇÃO DE INFORMAÇÕES

Para cada classe de ativos, a entidade deve divulgar as seguintes informações:

a) o valor da perda (reversão de perda) com desvalorizações reconhecidas no período, e eventuais reflexos em reservas de reavaliações;
b) os eventos e circunstâncias que levaram ao reconhecimento ou reversão da desvalorização;
c) a relação dos itens que compõem a unidade geradora de caixa e uma descrição das razões que justificam a maneira como foi identificada essa unidade geradora de caixa;
d) no caso do valor recuperável ser o valor líquido de venda, divulgar a base usada para determinar esse valor; e
e) no caso do valor recuperável ser o valor do ativo em uso, divulgar a taxa de desconto usada nessa estimativa.

10

ESTOQUES – APLICABILIDADE DO CPC 16 (R1) APÓS A COLHEITA DOS ATIVOS BIOLÓGICOS

10.1. INTRODUÇÃO

Após a colheita dos produtos advindos dos ativos biológicos da entidade, este CPC deve ser aplicado. Ativo Biológico é um animal e/ou uma planta, vivos.

Exemplo:

Processamento de uvas para a transformação em vinho por vinícola, mesmo que ela tenha cultivado e colhido a uva.

A questão fundamental na contabilização dos estoques refere-se ao valor do custo a ser reconhecido como ativo e mantido nos registros até que as respectivas receitas sejam reconhecidas.

O objetivo deste CPC é proporcionar orientação sobre a determinação do valor de custo dos estoques e sobre o seu subsequente reconhecimento como despesa em resultado, incluindo qualquer redução ao valor realizável líquido.

10.2. APLICAÇÃO E EXCEÇÕES

As orientações aqui tratadas aplicam-se a todos os estoques, com exceção dos seguintes:

a) instrumentos financeiros (CPC 48 – Instrumentos Financeiros e 39 – instrumentos financeiros – Apresentação); e

b) ativos biológicos relacionados com a atividade agrícola e o produto agrícola no ponto da colheita (CPC 29 – Ativo Biológico e Produto Agrícola).

As regras aqui tratadas também não se aplicam à mensuração dos estoques mantidos por:

a) produtores agrícolas e florestais, de produtos agrícolas após colheita, de minerais e produtos minerais, na medida em que sejam mensurados pelo valor realizável líquido de acordo com as práticas já estabelecidas nesses setores;

1) Quando tais estoques são mensurados pelo valor realizável líquido, as alterações nesse valor devem ser reconhecidas no resultado do período em que tenha sido verificada a alteração.

2) Os estoques referidos nesta letra "a" devem ser mensurados pelo valor realizável líquido em determinadas fases de produção. Isso ocorre, por exemplo, quando as culturas agrícolas tenham sido colhidas ou os minerais tenham sido extraídos e a venda esteja assegurada pelos termos de um contrato futuro ou por garantia governamental ou quando exista um mercado ativo e haja um risco baixo de fracasso de venda. Esses estoques devem ser excluídos apenas dos requisitos de mensuração, objeto deste CPC.

b) comerciantes de *commodities* que mensurem seus estoques pelo valor justo deduzido dos custos de venda.

1) Nesse caso, as alterações desse valor devem ser reconhecidas no resultado do período em que tenha sido verificada a alteração.

2) Os operadores (*broker-traders*) de commodities são aqueles que compram ou vendem commodities para outros ou por sua própria conta. Os estoques referidos nesta letra "b" são essencialmente adquiridos com a finalidade de venda no futuro próximo e de gerar lucro com base nas variações dos preços ou na margem dos

operadores. Quando esses estoques são mensurados pelo valor justo menos os custos de venda, são excluídos apenas dos requisitos de mensuração.

10.3. ALGUMAS DEFINIÇÕES E ESCLARECIMENTOS IMPORTANTES

Os seguintes termos são usados neste texto, com os significados especificados:

- a) estoques são ativos:
    - a.1) mantidos para venda no curso normal dos negócios;
    - a.2) em processo de produção para venda; ou
    - a.3) na forma de materiais ou suprimentos a serem consumidos ou transformados no processo de produção ou na prestação de serviços;
- b) valor realizável líquido é o preço de venda estimado no curso normal dos negócios deduzido dos custos estimados para sua conclusão e dos gastos estimados necessários para se concretizar a venda;
- c) Valor justo é o preço que seria recebido pela venda de um ativo ou que seria pago pela transferência de um passivo em uma transação não forçada entre participantes do mercado na data de mensuração;
- d) valor realizável líquido refere-se à quantia líquida que a entidade espera realizar com a venda do estoque no curso normal dos negócios;

O valor justo reflete a quantia pela qual o mesmo estoque pode ser trocado entre compradores e vendedores conhecedores e dispostos a isso. O primeiro é um valor específico para a entidade, ao passo que o segundo já não é. Por isso, o valor realizável líquido dos estoques pode não ser equivalente ao valor justo deduzido dos gastos necessários para a respectiva venda.

- e) estoques compreendem bens adquiridos e destinados à venda, incluindo, por exemplo, mercadorias compradas por um varejista para revenda ou terrenos e outros imóveis para revenda. Os estoques também compreendem produtos acabados e produtos em processo de produção pela entidade e incluem matérias-primas e materiais aguardando utilização no processo de produção, tais como componentes, embalagens e material de consumo. Os custos incorridos para cumprir o contrato com o cliente, que não resultam em estoques (ou ativos dentro do alcance de outro pronunciamento), devem ser contabilizados de acordo com o CPC 47 – Receita de Contrato com Cliente.

10.4. MENSURAÇÃO DE ESTOQUE

Os estoques devem ser mensurados pelo valor de custo ou pelo valor realizável líquido, dos dois o menor.

10.4.1. Custos do estoque

O valor de custo do estoque deve incluir todos os custos de aquisição e de transformação, bem como outros custos incorridos para trazer os estoques à sua condição e localização atuais.

10.4.2. Custos de aquisição

O custo de aquisição dos estoques compreende o preço de compra, os impostos de importação e outros tributos (exceto os recuperáveis junto ao fisco), bem como os custos de transporte, seguro, manuseio e outros diretamente atribuíveis à aquisição de produtos acabados, materiais e serviços. Descontos comerciais, abatimentos e outros itens semelhantes devem ser deduzidos na determinação do custo de aquisição.

10.4.3. Custos de transformação

Os custos de transformação de estoques incluem os custos diretamente relacionados com as unidades produzidas ou com as linhas de produção, como pode ser o caso da mão de obra direta.

Também incluem a alocação sistemática de custos indiretos de produção, fixos e variáveis, que sejam incorridos para transformar os materiais em produtos acabados.

Os custos indiretos de produção fixos são aqueles que permanecem relativamente constantes independentemente do volume de produção, tais como a depreciação e a manutenção de edifícios e instalações fabris, máquinas e equipamentos e ativos de direito de uso utilizados no processo de produção e o custo de gestão e de administração da fábrica.

10.4.3.1. Custos indiretos

Os custos indiretos de produção variáveis são aqueles que variam diretamente, ou quase diretamente, com o volume de produção, tais como materiais indiretos e certos tipos de mão de obra indireta.

10.4.3.2. Alocação de custos fixos indiretos – Critérios

A alocação de custos fixos indiretos de fabricação às unidades produzidas deve ser baseada na capacidade normal de produção.

A capacidade normal é a produção média que se espera atingir ao longo de vários períodos em circunstâncias normais. Com isso, leva-se em consideração, para a determinação dessa capacidade normal, a parcela da capacidade total não utilizada por causa de manutenção preventiva, de férias coletivas e de outros eventos semelhantes considerados normais para a entidade.

O nível real de produção pode ser usado se se aproximar da capacidade normal. Como consequência, o valor do custo fixo alocado a cada unidade produzida não pode ser aumentado por causa de um baixo volume de produção ou ociosidade.

Os custos fixos não alocados aos produtos devem ser reconhecidos diretamente como despesa no período em que são incorridos.

10.4.3.3. Períodos de alto volume de produção

Em períodos de anormal alto volume de produção, o montante de custo fixo alocado a cada unidade produzida deve ser diminuído, de maneira que os estoques não sejam mensurados acima do custo. Os custos indiretos de produção variáveis devem ser alocados a cada unidade produzida com base no uso real dos insumos variáveis de produção, ou seja, na capacidade real utilizada.

10.4.3.4. Processo de produção que resulta em mais de um produto fabricado simultaneamente

Um processo de produção pode resultar em mais de um produto fabricado simultaneamente.

Este é, por exemplo, o caso quando se fabricam produtos em conjunto ou quando há um produto principal e um ou mais subprodutos.

Quando os custos de transformação de cada produto não são separadamente identificáveis, devem ser atribuídos aos produtos em base racional e consistente.

Essa alocação pode se basear, por exemplo, no valor relativo da receita de venda de cada produto, seja na fase do processo de produção em que os produtos se tornam separadamente identificáveis, seja no final da produção, conforme o caso.

A maior parte dos subprodutos, em razão de sua natureza, geralmente é imaterial. Quando for esse o caso, eles são muitas vezes mensurados pelo valor realizável líquido e este valor é deduzido do custo do produto principal. Como resultado, o valor contábil do produto principal não deve ser materialmente diferente do seu custo.

10.4.4. Outros custos

Outros custos que não de aquisição nem de transformação devem ser incluídos nos custos dos estoques somente na medida em que sejam incorridos para colocar os estoques no seu local e na sua condição atuais.

Por exemplo, pode ser apropriado incluir no custo dos estoques gastos gerais que não sejam de produção ou os custos de desenho de produtos para clientes específicos.

Como exemplos de itens não incluídos no custo dos estoques e reconhecidos como despesa do período em que são incorridos, temos:

a) valor anormal de desperdício de materiais, mão de obra ou outros insumos de produção;

b) gastos com armazenamento, a menos que sejam necessários ao processo produtivo entre uma e outra fase de produção;
c) despesas administrativas que não contribuem para trazer o estoque ao seu local e condição atuais; e
d) despesas de comercialização, incluindo a venda e a entrega dos bens e serviços aos clientes.

Pronunciamento Técnico CPC 20 (R1) – Custos de Empréstimos identifica circunstâncias específicas em que os encargos financeiros de empréstimos obtidos são incluídos no custo do estoque.

10.4.4.1. Elementos financeiros constantes nas compras a prazo

A entidade geralmente compra estoques com condição para pagamento a prazo.

A negociação pode efetivamente conter um elemento de financiamento, como, por exemplo, uma diferença entre o preço de aquisição em condição normal de pagamento e o valor pago. Essa diferença deve ser reconhecida como despesa de juros durante o período do financiamento.

10.4.5. Custo do produto agrícola colhido proveniente de ativo biológico

Segundo o CPC 29 – Ativo Biológico e Produto Agrícola, os estoques que compreendem o produto agrícola que a entidade tenha colhido, proveniente dos seus ativos biológicos, devem ser mensurados no reconhecimento inicial pelo seu valor justo deduzido dos gastos estimados no ponto de venda no momento da colheita. Esse passa a ser o custo dos estoques naquela data.

10.4.6. Outras formas para mensuração do custo

Outras formas para mensuração do custo de estoque, tais como o custo-padrão ou o método de varejo, podem ser usadas por conveniência se os resultados se aproximarem do custo.

O custo-padrão leva em consideração os níveis normais de utilização dos materiais e bens de consumo, da mão de obra e da eficiência na utilização da capacidade produtiva. Ele deve ser regularmente revisto à luz das condições correntes.

As variações relevantes do custo-padrão em relação ao custo devem ser alocadas nas contas e nos períodos adequados de forma a se ter os estoques de volta a seu custo.

O método de varejo é muitas vezes usado no setor de varejo para mensurar estoques de grande quantidade de itens que mudam rapidamente, itens que têm margens semelhantes e para os quais não é praticável usar outros métodos de custeio.

O custo do estoque deve ser determinado pela redução do seu preço de venda na percentagem apropriada da margem bruta. A percentagem usada deve levar em consideração o estoque que tenha tido seu preço de venda reduzido abaixo do preço de venda original. É usada muitas vezes uma percentagem média para cada departamento de varejo.

10.5. CRITÉRIOS DE VALORIZAÇÃO DE ESTOQUE

O custo dos estoques de itens que não são normalmente intercambiáveis e de bens ou serviços produzidos e segregados para projetos específicos deve ser atribuído pelo uso da identificação específica dos seus custos individuais.

A identificação específica do custo significa que são atribuídos custos específicos a itens identificados do estoque.

Este é o tratamento apropriado para itens que sejam segregados para um projeto específico, independentemente de eles terem sido comprados ou produzidos. Contudo, quando há grandes quantidades de itens de estoque que sejam geralmente intercambiáveis, a identificação específica de custos não é apropriada. Em tais circunstâncias, um critério de valoração dos itens que permanecem nos estoques deve ser usado.

O custo dos estoques que não sejam os tratados anteriormente deve ser atribuído pelo uso do critério Primeiro a Entrar, Primeiro a Sair (Peps) ou pelo critério do custo médio ponderado. A entidade deve usar o mesmo critério de custeio para todos os estoques que tenham natureza e uso semelhantes para a entidade. Para os estoques que tenham outra natureza ou uso, podem se justificar diferentes critérios de valoração.

Por exemplo, os estoques usados em um segmento de negócio podem ter um uso para a entidade diferente do mesmo tipo de estoques usados em outro segmento de negócio. Entretanto, uma diferença na localização geográfica dos estoques (ou nas respectivas normas fiscais), por si só, não é suficiente para justificar o uso de diferentes critérios de valoração do estoque.

10.5.1. Peps

O critério Peps pressupõe que os itens de estoque que foram comprados ou produzidos primeiro sejam vendidos em primeiro lugar e, consequentemente, os itens que permanecerem em estoque no fim do período sejam os mais recentemente comprados ou produzidos.

10.5.2. Custo médio ponderado

Pelo critério do custo médio ponderado, o custo de cada item é determinado a partir da média ponderada do custo de itens semelhantes no começo de um período e do custo dos mesmos itens comprados ou produzidos durante o período. A média pode ser determinada em base periódica ou à medida que cada lote seja recebido, dependendo das circunstâncias da entidade.

10.6. VALOR REALIZÁVEL LÍQUIDO

O custo dos estoques pode não ser recuperável se esses estoques estiverem danificados, se se tornarem total ou parcialmente obsoletos ou se os seus preços de venda tiverem diminuído.

O custo dos estoques pode também não ser recuperável se os custos estimados de acabamento ou os custos estimados a serem incorridos para realizar a venda tiverem aumentado.

10 – Estoques – Aplicabilidade do CPC 16 (R1)

A prática de reduzir o valor de custo dos estoques (*write down*) para o valor realizável líquido é consistente com o ponto de vista de que os ativos não devem ser escriturados por quantias superiores àquelas que se espera que sejam realizadas com a sua venda ou uso.

10.6.1. Critérios para redução dos estoques ao valor realizável líquido

Os estoques devem ser geralmente reduzidos para o seu valor realizável líquido item a item.

Em algumas circunstâncias, porém, pode ser apropriado agrupar unidades semelhantes ou relacionadas. Pode ser o caso dos itens de estoque relacionados com a mesma linha de produtos que tenham finalidades ou usos finais semelhantes, que sejam produzidos e comercializados na mesma área geográfica e não possam ser avaliados separadamente de outros itens dessa linha.

Não é apropriado reduzir o valor do estoque com base em uma classificação de estoque, como, por exemplo, bens acabados, ou em todo estoque de determinado setor ou segmento operacional.

Os prestadores de serviços normalmente acumulam custos relacionados a cada serviço para o qual será cobrado um preço de venda específico. Portanto, cada um desses serviços deve ser tratado como um item em separado.

10.6.1.1. Estimativas do valor realizável líquido

As estimativas do valor realizável líquido devem ser baseadas nas evidências mais confiáveis disponíveis no momento em que são feitas as estimativas do valor dos estoques que se espera realizar.

Essas estimativas devem levar em consideração variações nos preços e nos custos diretamente relacionados com eventos que ocorram após o fim do período, à medida que tais eventos confirmem as condições existentes no fim do mesmo período.

As estimativas do valor realizável líquido também devem levar em consideração a finalidade para a qual o estoque é mantido. Por exemplo, o valor realizável líquido da quantidade de estoque mantido para atender contratos de venda ou de prestação de serviços deve ser baseado no preço do contrato. Se os contratos de venda dizem respeito a quantidades inferiores às quantidades de estoque possuídas, o valor realizável líquido do excesso deve se basear em preços gerais de venda.

10.6.1.2. Provisões

Podem surgir provisões resultantes de contratos firmes de venda superiores às quantidades de estoques existentes ou de contratos firmes de compra em andamento se as aquisições adicionais a serem feitas para atender a esses contratos de venda forem previstas com base em valores estimados que levem à situação de prejuízo no atendimento desses contratos de venda. Tais provisões devem ser tratadas de acordo com o Pronunciamento Técnico CPC 25 – Provisões, Passivos Contingentes e Ativos Contingentes.

10.6.1.3. Materiais e outros bens de consumo

Os materiais e os outros bens de consumo mantidos para uso na produção de estoques ou na prestação de serviços não serão reduzidos abaixo do custo se for previsível que os produtos acabados aos quais eles devem ser incorporados ou os serviços em que serão utilizados sejam vendidos pelo custo ou acima do custo.

Contudo, quando a diminuição no preço dos produtos acabados ou no preço dos serviços prestados indicar que o custo de elaboração desses produtos ou serviços excederá seu valor realizável líquido, os materiais e os outros bens de consumo devem ser reduzidos ao valor realizável líquido. Em tais circunstâncias, o custo de reposição dos materiais pode ser a melhor medida disponível do seu valor realizável líquido.

10.6.2. Valor realizável líquido – Nova avaliação nos períodos subsequentes

Em cada período subsequente, deve ser feita uma nova avaliação do valor realizável líquido.

Quando as circunstâncias que anteriormente provocaram a redução dos estoques abaixo do custo deixarem de existir ou quando houver clara evidência de aumento no valor realizável líquido em razão da alteração nas circunstâncias econômicas, a quantia da redução deve ser revertida (a reversão é limitada à quantia da redução original) de modo que o novo montante registrado do estoque seja o menor valor entre o custo e o valor realizável líquido revisto. Isso ocorre, por exemplo, com um item de estoque registrado pelo valor realizável líquido quando o seu preço de venda tiver sido reduzido e, enquanto ainda mantido em período posterior, tiver o seu preço de venda aumentado.

10.7. RECONHECIMENTO COMO DESPESA NO RESULTADO

Quando os estoques são vendidos, o custo escriturado desses itens deve ser reconhecido como despesa do período em que a respectiva receita é reconhecida.

A quantia de qualquer redução dos estoques para o valor realizável líquido e todas as perdas de estoques devem ser reconhecidas como despesa do período em que a redução ou a perda ocorrerem.

A quantia de toda reversão de redução de estoques, proveniente de aumento no valor realizável líquido, deve ser registrada como redução do item em que for reconhecida a despesa ou a perda, no período em que a reversão ocorrer.

Alguns itens de estoques podem ser transferidos para outras contas do Ativo, como, por exemplo, estoques usados como componentes de ativos imobilizados de construção própria. Os estoques alocados ao custo de outro ativo devem ser reconhecidos como despesa durante a vida útil e na proporção da baixa desse ativo.

10.8. DIVULGAÇÃO

As demonstrações contábeis devem divulgar:

a) as políticas contábeis adotadas na mensuração dos estoques, incluindo formas e critérios de valoração utilizados;

b) o valor total escriturado em estoques e o valor registrado em outras contas apropriadas para a entidade;

c) o valor de estoques escriturados pelo valor justo menos os custos de venda;

d) o valor de estoques reconhecido como despesa durante o período;

e) o valor de qualquer redução de estoques reconhecida no resultado do período de acordo com o subitem 10.7;

f) o valor de toda reversão de qualquer redução do valor dos estoques reconhecida no resultado do período de acordo com o item 7;

g) as circunstâncias ou os acontecimentos que conduziram à reversão de redução de estoques de acordo com o subitem 10.7; e

h) o montante escriturado de estoques dados como penhor de garantia a passivos.

10.8.1. Classificação dos diversos itens de estoque

A informação relativa a valores contábeis contabilizados em diferentes classificações de estoques e a proporção de alterações nesses ativos são úteis para os usuários das demonstrações contábeis.

As classificações comuns de estoques são mercadorias, bens de consumo de produção, materiais, produto em elaboração e produtos acabados.

10.8.2. Valor do estoque baixado – Denominação

O valor do estoque baixado, reconhecido como despesa durante o período, o qual é denominado frequentemente como custo dos produtos, das mercadorias ou dos serviços vendidos, consiste nos custos que estavam incluídos na mensuração do estoque que agora é vendido.

10.8.3. Custos indiretos de produção eventualmente não alocados aos produtos e valores anormais de custos de produção

Os custos indiretos de produção eventualmente não alocados aos produtos e os valores anormais de custos de produção devem ser reconhecidos como despesa do período em que ocorrem, sem transitar pelos estoques, dentro desse mesmo grupo, mas de forma identificada.

As circunstâncias da entidade também podem admitir a inclusão de outros valores, tais como custos de distribuição.

10.8.4. Formato para a demonstração de resultados

Algumas entidades adotam um formato para a demonstração de resultados que resulta na divulgação de valores que não sejam os custos dos estoques reconhecidos como despesa durante o período. De acordo com esse formato, a entidade deve apresentar a demonstração do custo das vendas usando uma classificação baseada na natureza desses custos, elemento a elemento.

Nesse caso, a entidade deve divulgar os custos reconhecidos como despesas item a item, por natureza: matérias-primas e outros materiais, evidenciando o valor das compras e da alteração líquida nos estoques iniciais e finais do período, mão de obra, outros custos de transformação etc.

11
FLUXO DE CAIXA

Seguindo uma tendência internacional e também em função das demandas internas, recentemente ou para ser mais preciso, a partir de 2007, tivemos entre outras mudanças na legislação contábil com a publicação da Lei nº 11.638/2007, que alterou a Lei nº 6.404/1976 (Lei das S.As.), a substituição da Demonstração das Origens e Aplicações de Recursos (Doar) pela elaboração da Demonstração do Fluxo de Caixa (DFC).

Com a nova redação da Lei nº 6.404/1976, art. 188, a DFC informará as alterações ocorridas, durante o exercício social, o movimento de caixa e equivalentes de caixa, separados em fluxos das atividades operacionais, dos financiamentos e dos investimentos.

11.1. A RELEVÂNCIA DO FLUXO DE CAIXA

As informações sobre os fluxos de caixa de uma entidade são relevantes e, principalmente, úteis para proporcionar aos usuários das demonstrações contábeis uma base para avaliar a capacidade de a entidade gerar caixa e equivalentes de caixa, bem como suas necessidades de liquidez, ou seja, de como estão utilizando esses recursos.

Assim, podemos dizer que as decisões econômicas tomadas pelos usuários exigem avaliação da capacidade de a entidade gerar caixa, bem como da época de sua ocorrência e do grau de segurança de sua geração.

O objetivo precípuo da demonstração é a prestação de informações acerca das alterações históricas de caixa e equivalentes de caixa da entidade, classificadas no período por **atividades operacionais, de investimento e de financiamento**.

A entidade deve elaborar a demonstração dos fluxos de caixa e deve apresentá-la como complemento de suas demonstrações contábeis, juntando-se assim ao balanço patrimonial apresentadas ao final de cada período.

No passado, os maiores usuários dessa demonstração eram as instituições financeiras, pois ao conceder um empréstimo ou financiamento rural, eles analisavam o passado e o presente, para terem certeza de que no futuro o tomador arcaria com suas obrigações e dívidas. Estamos passando por algumas mudanças, principalmente no setor de agronegócio; hoje o empresário ou o operador contábil que utiliza e analisa as demonstrações contábeis de uma entidade estão interessados em saber como a entidade gera e utiliza o caixa.

Esse é o ponto, independentemente da natureza das atividades da entidade, e ainda que o caixa seja considerado como produto das suas atividades, elas necessitam de caixa essencialmente pelas mesmas razões, por mais diferentes que sejam as suas principais atividades geradoras de receita, ou seja, elas precisam de caixa para justificar e garantir suas operações, pagar suas obrigações e proporcionar um retorno para seus investidores.

Assim, a Demonstração dos Fluxos de Caixa, quando usada em conjunto com as demais demonstrações contábeis, proporciona informações que permitem que os usuários avaliem as mudanças nos ativos líquidos da entidade, sua estrutura financeira (inclusive sua liquidez e solvência) e sua capacidade para alterar os valores e prazos de ocorrência dos fluxos de caixa, a fim de adaptá-los às mudanças nas circunstâncias e oportunidades.

As informações sobre os fluxos de caixa são úteis para avaliar a capacidade de a entidade gerar caixa e recursos da atividade e possibilitam aos usuários desenvolver modelos para avaliar e comparar o valor presente de futuros fluxos de caixa de diferentes entidades.

A demonstração dos fluxos de caixa também incrementa a comparabilidade na apresentação do desempenho operacional, visto que reduz os efeitos decorrentes do uso de diferentes critérios contábeis para as mesmas transações e eventos.

Além disso, informações históricas dos fluxos de caixa são frequentemente utilizadas como indicador do valor, época e grau de segurança dos fluxos de caixa futuros. Também são úteis para verificar a exatidão das estimativas feitas, no passado, dos fluxos de caixa futuros, assim como para examinar a relação entre a lucratividade e os fluxos de caixa líquidos e o impacto de alterações de preços.

11.1.1. Termos importantes

Para desenvolver o fluxo de caixa, é importante decodificar alguns termos com significados específicos, conforme definições a seguir:

a) **caixa**: compreende numerário em espécie e depósitos bancários disponíveis;

b) **equivalentes de caixa**: são aplicações financeiras de curto prazo, de alta liquidez, prontamente conversíveis em um montante conhecido de caixa e que estão sujeitas a um insignificante risco de mudança de valor;

c) **fluxos de caixa**: são as entradas e saídas de caixa e equivalentes de caixa;

d) **atividades operacionais**: são as principais atividades geradoras de receita da entidade e outras atividades diferentes das de investimento e de financiamento;

e) **atividades de investimento**: são as referentes à aquisição e à venda de ativos de longo prazo e de outros investimentos não incluídos nos equivalentes de caixa;

f) **atividades de financiamento**: são aquelas que resultam em mudanças no tamanho e na composição do capital próprio e no endividamento da entidade, não classificadas como atividade operacional.

11.2. DEMONSTRAÇÃO DE FLUXO DE CAIXA E SUA ESTRUTURA

A Demonstração de Fluxo de Caixa deve demonstrar os fluxos de caixa do período classificados por: **atividades operacionais, de investimento e de financiamento**.

A entidade deve apresentar seus fluxos de caixa decorrentes das atividades operacionais, de investimento e de financiamento da forma que seja mais apropriada aos seus negócios.

A classificação por atividade proporciona informações que permitem aos usuários avaliar o impacto de tais atividades sobre a posição financeira da entidade e o montante de seu caixa e equivalentes de caixa. Essas informações também podem ser usadas para avaliar a relação entre essas atividades.

Por outro lado, uma única transação pode incluir fluxos de caixa classificados em mais de uma atividade. Por exemplo, quando o desembolso de caixa para pagamento de um empréstimo rural, inclui tanto os juros como o principal, a parte dos juros pode ser classificada como atividade operacional da atividade rural, mas a parte do principal deve ser classificada como atividade de financiamento rural.

11.2.1. Atividades operacionais

O saldo dos fluxos de caixa decorrente das atividades operacionais é um indicador da extensão na qual as operações da entidade têm gerado suficientes fluxos de caixa para amortizar empréstimos, manter a capacidade operacional da entidade, pagar dividendos e juros sobre o capital próprio e fazer novos investimentos sem recorrer a fontes externas de financiamento.

Salienta-se que as informações sobre os componentes específicos dos fluxos de caixa operacionais históricos são úteis, em conjunto com outras informações, na projeção de futuros fluxos de caixa operacionais.

Os fluxos de caixa apresentados pelas atividades operacionais são basicamente derivados das principais atividades geradoras de receita da entidade.

Isso significa dizer que eles geralmente resultam das transações e de outros eventos que entram na apuração do lucro líquido ou prejuízo.

São alguns exemplos de fluxos de caixa que decorrem das atividades operacionais:

a) recebimentos de caixa pela venda de mercadorias e pela prestação de serviços;
b) recebimentos de caixa decorrentes de *royalties*, honorários, comissões e outras receitas;
c) pagamentos de caixa a fornecedores de mercadorias e serviços;
d) pagamentos de caixa a empregados ou por conta de empregados;
e) recebimentos e pagamentos de caixa por seguradora de prêmios e sinistros, anuidades e outros benefícios da apólice;
f) pagamentos ou restituição de caixa de impostos sobre a renda, a menos que possam ser especificamente identificados com as atividades de financiamento ou de investimento; e
g) recebimentos e pagamentos de caixa de contratos mantidos para negociação imediata ou disponíveis para venda futura. Cabe esclarecer, que algumas transações, como a venda de um ativo imobilizado, podem resultar em ganho ou perda, que é incluído na apuração do lucro líquido ou prejuízo. Os fluxos de caixa relativos a tais transações são fluxos de caixa provenientes de atividades de investimento.

Contudo, pagamentos em caixa para a produção ou aquisição de ativos destinados a aluguel para terceiros que, em sequência, são vendidos, conforme melhor entendimento, são fluxos de caixa das atividades operacionais.

Já os recebimentos de aluguéis e das subsequentes vendas de tais ativos são também fluxos de caixa das atividades operacionais.

Os títulos e empréstimos, mantidos por uma entidade para fins de intermediação imediata ou futura, serão tratadas por semelhança a estoques adquiridos especificamente para revenda. Portanto, os fluxos de caixa decorrentes da compra e venda desses títulos são classificados como atividades operacionais.

11.2.2. Atividades de investimento

A divulgação em separado dos fluxos de caixa decorrentes das atividades de investimento é importante, pois tais fluxos de caixa representam a extensão em que os dispêndios de recursos são feitos pela entidade com a finalidade de gerar lucros e fluxos de caixa no futuro.

Vale lembrar que somente desembolsos que resultam em ativo reconhecido nas demonstrações contábeis são passíveis de classificação como atividades de investimento.

São alguns exemplos de fluxos de caixa decorrentes das atividades de investimento:

a) pagamentos de caixa para aquisição de ativo imobilizado, intangível e outros ativos de longo prazo. Esses pagamentos incluem os custos de desenvolvimento ativados e ativos imobilizados de construção própria;

b) recebimentos de caixa resultantes da venda de ativo imobilizado, intangíveis e outros ativos de longo prazo;

c) pagamentos para aquisição de ações, quinhões, quotas ou instrumentos de dívida de outras entidades e participações societárias em *joint ventures* (exceto desembolsos referentes a títulos considerados como equivalentes de caixa ou aqueles mantidos para negociação imediata ou venda futura);

d) recebimentos de caixa provenientes da venda de ações, quinhões, quotas ou instrumentos de dívida de outras entidades e participações societárias em *joint ventures* (exceto recebimentos referentes aos títulos considerados como equivalentes de caixa e aqueles mantidos para negociação);

e) adiantamentos de caixa e empréstimos feitos a terceiros (exceto adiantamentos e empréstimos feitos por instituição financeira);

f) recebimentos de caixa por liquidação de adiantamentos ou amortização de empréstimos concedidos a terceiros (exceto adiantamentos e empréstimos de instituição financeira);

g) pagamentos de caixa por contratos futuros, a termo, de opção e *swap*, exceto quando tais contratos forem mantidos para negociação imediata ou venda futura, ou os pagamentos forem classificados como atividades de financiamento; e

h) recebimentos de caixa por contratos futuros, a termo, de opção e *swap*, exceto quando tais contratos forem mantidos para negociação imediata ou venda futura, ou os recebimentos forem classificados como atividades de financiamento.

Quando um contrato for contabilizado como proteção (*hedge*) de uma posição identificável, os fluxos de caixa do contrato devem ser classificados do mesmo modo como foram classificados os da posição que estiver sendo protegida.

11.2.3. Atividades de financiamento

A divulgação separada dos fluxos de caixa decorrentes das atividades de financiamento é importante por ser útil para prever as exigências sobre futuros fluxos de caixa pelos fornecedores de capital à entidade.

São exemplos de fluxos de caixa decorrentes das atividades de financiamento:

a) caixa recebido pela emissão de ações, quotas ou quinhões ou outros instrumentos patrimoniais;

b) pagamentos do caixa a investidores para adquirir ou resgatar ações da entidade;

c) caixa recebido proveniente da emissão de debêntures, empréstimos, notas promissórias, outros títulos e valores, hipotecas e outros empréstimos de curto e longo prazos;

d) amortização de empréstimos e financiamentos, incluindo debêntures emitidas, hipotecas, mútuos e outros empréstimos de curto e longo prazos; e

e) pagamentos de caixa por arrendatário, para redução do passivo relativo a arrendamento mercantil financeiro.

11.2.4. Método Direto e Método Indireto

A DFC poderá ser elaborada e apresentada pelos métodos direto ou indireto. Eles possuem uma característica comum representada pela divisão: operacional, investimento e financiamento.

O Método Direto tem por objetivo demonstrar todas as movimentações ocorridas no caixa operacional, ou seja, todos os recebimentos e pagamentos que passaram pelo caixa; enquanto que no Método Indireto inicia-se com o lucro líquido do exercício (ou prejuízo) para, em seguida, fazer uma série de ajustes nesse lucro (ou prejuízo), para efeito de chegar ao mesmo valor obtido pelo Método Direto.

O Método Indireto não está ligado diretamente às transações ou movimentações do caixa, mas sim pelo ajuste do lucro líquido, com base em apropriações por competência, eliminando os efeitos das transações que não envolvam caixa, tais como depreciação, provisões, tributos diferidos, ganhos e perdas cambiais não realizados e resultado de equivalência patrimonial quando aplicável.

Esses ajustes no lucro líquido (ou prejuízo), dentro do Método Indireto, devem-se principalmente porque a Demonstração do Resultado do Exercício (DRE) é confeccionada com base no regime de competência; isto significa que nesse resultado foram lançadas contabilmente as despesas e as receitas incorridas, mas ainda não efetivamente realizadas (pagas ou recebidas). Vale lembrar que no fluxo operacional via Método Indireto, a DFC tem por objetivo tornar transparente o quanto foi gerado de recursos pelas atividades operacionais (caixa ou seu equivalente), partindo do lucro contábil (apurado pelo regime de competência).

11.2.4.1. Modelo da DFC pelo Método Indireto

A Demonstração do Fluxo de Caixa pelo método indireto evidencia a ligação entre o lucro líquido do exercício e o caixa gerado pelas operações da empresa.

Demonstração do Fluxo de Caixa – Ano de 20X2		
	ATIVIDADES OPERACIONAIS	**VALORES EM R$**
	Lucro líquido	
+	Despesas que não afetam o caixa	
	Despesas de depreciação	
−	Receitas que não afetam o caixa	
	Ganho de capital na venda do imobilizado	
	Subtotal	
+	Diminuição de duplicatas a receber	
+	Diminuição em estoques	
−	Diminuição de fornecedores	
+	Aumento de impostos a pagar	
+	Aumento de obrigações trabalhistas	
1	(=) Caixa líquido nas atividades operacionais	
	ATIVIDADE DE INVESTIMENTO	
+	Recebimento pela venda do imobilizado	
2	(=) Caixa líquido nas atividades de investimento	
	ATIVIDADE DE FINANCIAMENTO	
+	Aumento de capital	
+	Diminuição de empréstimos concedidos	
−	Diminuição de empréstimos a longo prazo	
+	Aumento de empréstimos a curto prazo	
−	Distribuição de dividendos	
+	Aumento de dividendos a pagar	
3	(=) Caixa líquido nas atividades de financiamento	
4	Aumento líquido nas disponibilidades (1+2+3)	
5	Saldo de caixa + equivalente de caixa em 20X1	
6	Saldo de caixa + equivalente de caixa em 20X2 (4+5)	

11.2.4.2. Modelo da DFC pelo Método Direto

Apresentação da Demonstração do Fluxo de Caixa que evidencia as movimentações ocorridas no caixa operacional que representa os recebimento e pagamentos:

	Demonstração do Fluxo de Caixa – Ano de 20X2	
	ATIVIDADES OPERACIONAIS	**VALORES EM R$**
+	Recebimento de clientes	
-	Pagamento a fornecedores	
-	Pagamento de despesas	
-	Pagamento de impostos e encargos sociais	
1	(=) Caixa líquido das atividades operacionais	
	ATIVIDADE DE INVESTIMENTO	
+	Venda do imobilizado	
2	(=) Caixa líquido consumido nas atividades de investimento	
	ATIVIDADE DE FINANCIAMENTO	
+	Integralização do capital pelos sócios	
+	Recebimento de empréstimo	
-	Distribuição de dividendos	
3	(=) Caixa líquido gerado nas atividades de financiamento	
4	Aumento líquido nas disponibilidades (1+2+3)	
5	Saldo de caixa + equivalente de caixa em 20X1	
6	Saldo de caixa + equivalente de caixa em 20X2 (4+5)	

11.3. EMPRESAS COM EXPLORAÇÃO DA ATIVIDADE RURAL

A demonstração do fluxo de caixa apresentada no tópico acima, também será aplicada nas empresas com exploração rural, quer no ramo do agronegócio ou agroindustrial e sujeita às demonstrações financeiras segundo a Lei das S.As. (Lei nº 6.404/1976 e suas alterações posteriores).

A estrutura de apresentação da Demonstração do Fluxo de Caixa (DFC) é a mesma dos subitens 11.2.4.1 e 11.2.4.2, com as devidas adaptações às contas necessárias ao ramo de atividade explorada pela empresa rural.

Como o método indireto é semelhante ao antigo "Demonstrações das Origens e Aplicações de Recursos (Doar)", este é o preferido pelos profissionais de contabilidade na sua elaboração, embora o método direto facilite mais a análise da solvência da empresa por parte dos usuários com interesse na empresa em questão.

11.3.1. Modelo do Método Indireto

Demonstração dos Fluxos de Caixa do Exercício	VALORES EM R$
Fluxo de caixa das operações	
Lucro antes do imposto de renda	
Ajustes para reconciliação do lucro líquido Prejuízo	
Depreciação e amortização	
Imposto de renda e contribuição social diferidos	
Baixa de bens do ativo imobilizado	
Ganho cambial	
Perdão de dívidas	
Pagamento baseado em ações	
Provisão de juros sobre empréstimos	
Ajuste ao valor presente	
Provisão para contingências	
Variações nos ativos e passivos	
Contas a receber	

Demonstração dos Fluxos de Caixa do Exercício	VALORES EM R$
Estoques	
Impostos a recuperar	
Outros ativos	
Contas a pagar	
Salários e obrigações trabalhistas	
Impostos a Recolher	
Juros recebidos sobre empréstimos concedidos	
Outros passivos	
Caixa proveniente das operações	
Juros pagos sobre empréstimos, líquidos	
Caixa líquido das atividades operacionais	
Aquisições de bens do ativo imobilizado	
Aquisições de ativo intangível	
Aumento investimento aplicações financeiras	
Resgate de aplicações financeiras	
Caixa líquido das atividades de investimentos	
Amortização de empréstimos	
Ingressos de empréstimos	
Ingressos de empréstimos partes relacionadas	
Amortização de empréstimos partes relacionadas	
Fluxos de caixa das atividades de financiamentos	
Aumento líquido de caixa e equivalentes de caixa	
Caixa e equivalentes de caixa no início do exercício	
Caixa e equivalentes de caixa no final do exercício	

11.3.2. Modelo do Método Direto

Demonstração dos Fluxos de Caixa do Exercício	
Fluxos de caixa das atividades operacionais	
Recebimentos de clientes	
Pagamentos a fornecedores e empregados	
Caixa gerado pelas operações	
Juros pagos	
Imposto de renda e contribuição social pagos	
Imposto de renda na fonte sobre dividendos recebidos	
Caixa líquido gerado pelas atividades operacionais	
Fluxos de caixa das atividades de investimento	
Compra de ativo imobilizado	
Recebimento pela venda de implementos agrícolas	
Juros recebidos	
Dividendos recebidos	
Caixa líquido consumido pelas atividades de investimento	
Fluxos de caixa das atividades de financiamento	
Recebimento pela emissão de ações	
Recebimento por empréstimo a longo prazo	
Pagamento de passivo por arrendamento de equipamentos agrícolas	
Dividendos pagos	
Caixa líquido consumido pelas atividades de financiamento	
Aumento líquido de caixa e equivalentes de caixa	
Caixa e equivalentes de caixa no início do período	
Caixa e equivalentes de caixa no fim do período	

12
ARMAZÉNS GERAIS – PRODUTOS AGROPECUÁRIOS

12.1. CONCEITO DE ARMAZÉM GERAL

Na definição da Jucesp, Armazéns Gerais são empresas que têm por objeto a guarda e a conservação de mercadorias, e a emissão de títulos especiais que as representem (conhecimento de depósito: que representa a mercadoria e circula livremente por endosso, transferindo, assim, a propriedade da mesma; e *warrant*: unido ao conhecimento, mas dele separável à vontade do depositante, que se presta à função de títulos constitutivos de direito de penhor sobre a mercadoria).

Qualquer pessoa, natural ou jurídica, apta para o exercício do comércio, pode ser titular de um armazém geral, desde que satisfaça certas exigências e esteja devidamente matriculada na Junta Comercial de seu estado.

12.2. ARMAZENAGEM DE PRODUTOS AGROPECUÁRIOS

As atividades de armazenagem de produtos agropecuários, seus derivados, subprodutos e resíduos de valor econômico, estão sujeitas às regras do Ministério da Agricultura e do Abastecimento que criou sistema de certificação, estabelecendo condições técnicas e operacionais, assim como a documentação pertinente, para qualificação dos armazéns destinados à atividade de guarda e conservação de produtos agropecuários.

O contrato de depósito terá na sua composição, obrigatoriamente, entre outras cláusulas, a identificação das partes, o objeto, o prazo de armazenagem, o preço e a forma de remuneração pelos serviços prestados, os direitos e as obrigações do depositante e do depositário, a capacidade de expedição e a compensação financeira por diferença de qualidade e quantidade. Caso ocorra algum litígio relativo a direito patrimonial, as partes poderão se valer da arbitragem (Lei nº 9.307/1996).

As partes no contrato serão compostas pelo depositário que é pessoa jurídica apta a exercer as atividades de guarda e conservação de produtos de terceiros e o depositante, ou seja, pessoa física ou jurídica responsável legal pelos produtos entregues a um depositário para guarda e conservação.

12.3. DEPOSITÁRIO FIEL

O depositário é o responsável pela guarda, pela conservação e pela pronta e fiel entrega dos produtos que tiver recebido em depósito e responderá por culpa ou dolo de seus empregados ou prepostos, pelos furtos, roubos e sinistros ocorridos com os produtos depositados, bem como pelos danos decorrentes de seu manuseio inadequado.

O depositário e o depositante poderão definir, de comum acordo, a constituição de garantias, as quais deverão estar registradas no contrato de depósito ou no Certificado de Depósito Agropecuário (CDA) e no *Warrant* Agropecuário (WA).

O depositário não é obrigado a se responsabilizar pela natureza, pelo tipo, pela qualidade e pelo estado de conservação dos produtos contidos em invólucros que impossibilitem sua inspeção, ficando sob inteira responsabilidade do depositante a autenticidade das especificações indicadas. Contudo, para garantir a operação e resguardar-se de qualquer evento futuro, o depositário fica obrigado a celebrar contrato de seguro, a favor do depositante, dos produtos armazenados contra incêndio, inundação e quaisquer eventos que os destruam ou deteriorem.

Ressalta-se que a prestação de serviços de armazenagem de produto agropecuários, seus derivados, subprodutos e resíduos de valor econômico, não impede o depositário da prática de comércio de produtos da mesma espécie daqueles usualmente recebidos em depósito, desde que estejam certificadas.

O depositário terá o direito de reter os produtos depositados, até mesmo à massa falida do devedor, até o limite dos valores correspondentes, para garantia do pagamento de:

a) armazenagem e demais despesas tarifárias;

b) adiantamentos feitos com fretes, seguros e demais despesas e serviços, desde que devidamente autorizados, por escrito, pelo depositante; e

c) comissões, custos de cobrança e outros encargos, relativos à operação com mercadorias depositadas.

O direito de retenção não poderá ser exercido quando existir débito perante o depositante, decorrente de contrato de depósito, em montante igual ou superior ao dos créditos relativos aos serviços prestados.

Por fim, o depositário fica obrigado a prestar informações sobre a emissão de títulos representativos do produto em fase de venda e sobre a existência de débitos que possam onerar o produto, e a encaminhar informações ao Ministério da Agricultura e do Abastecimento relativas à identificação das unidades armazenadoras, que serão utilizadas para a constituição do Cadastro Nacional de Unidades Armazenadoras de Produtos Agrícolas e sobre os estoques próprios e de terceiros mantidos sob sua guarda. Essas informações alimentarão exclusivamente o registro estatístico do sistema de armazenagem e servirá de apoio à política agrícola e de armazenagem.

Quadro Sinótico da Armazenagem de Produtos Agropecuários

ARMAZÉNS GERAIS – PRODUTOS AGROPECUÁRIOS	
Conceito	Armazenagem de produtos agropecuários, seus derivados, subprodutos e resíduos de valor econômico.
Contrato de depósito	a) as partes;
	b) o objeto;
	c) o prazo de armazenagem;
	d) o preço e a forma de remuneração pelos serviços prestados;
	e) os direitos;
	f) as obrigações do depositante e do depositário;
	g) a compensação financeira por diferença de qualidade e quantidade.
Registro do contrato	Junta Comercial.
Litígio relativo a direito patrimonial	As partes poderão utilizar a arbitragem (Lei nº 9.307/1996).
Regulamento interno do armazém	Deverão constar os critérios de preferência para a admissão de produtos e para a prestação de outros serviços nas unidades armazenadoras.
Responsabilidade do depositário	Pela guarda, conservação, pronta e fiel entrega dos produtos que tiver recebido em depósito.
Garantias	Deverão estar registradas no contrato de depósito ou no Certificado de Depósito Agropecuário (CDA) e no *Warrant* Agropecuário (WA).
Fundamento Legal	Lei nº 9.973/2000 e Decreto nº 3.855/2001.

13
TÍTULOS DE CRÉDITO AGROPECUÁRIO

Neste capítulo, iremos abordar os títulos de crédito instituídos pela Lei nº 11.076/2004, que visa incentivar o setor privado e elevar a captação de recursos, caracterizado por dinheiro escasso, portanto, "caro", para o setor agronegócio. Deste modo, iremos tratar dos títulos: Certificado de Depósito Bancário (CDA); **Warrant** Agropecuário (WA); Certificados de Direitos Creditórios do Agronegócio (CDCA), Letra de Crédito do Agronegócio (LCA) e Certificado de Recebíveis do Agronegócio (CRA).

De acordo com a Cetip, a emissão desses títulos gera as seguintes vantagens:

são utilizadas como forma eficiente de financiamento na medida em que proporcionam, dentre outros aspectos, a negociação da safra agrícola sem endividamento referenciado em taxas de juros e a redução das pressões sazonais de preços das mercadorias;

estimulam os investimentos rurais feitos pelos produtores ou por suas associações (cooperativas, condomínios, parcerias etc.);

favorecem o oportuno e adequado custeio da produção e a comercialização de produtos agropecuários;

fortalecem o setor rural;

incentivam a introdução de métodos racionais no sistema de produção, visando ao aumento de produtividade, à melhoria do padrão de vida das populações rurais e à adequada utilização dos recursos naturais;

isenção do IOF (Imposto sobre Operações Financeiras) – de negociações com Certificado de Depósito Agropecuário (CDA) e com Warrant Agropecuário (WA);

Alíquota zero do IOF (Imposto sobre Operações Financeiras) – (CDCA, CRA, LCA);

isenção do Imposto de Renda para Pessoas Físicas (CDA, WA, CDCA, CRA, LCA e CPR).

13.1. CERTIFICADO DE DEPÓSITO AGROPECUÁRIO (CDA) E WARRANT AGROPECUÁRIO (WA)

Para falarmos desses dois títulos de crédito, vale a pena relembrar que o depositário (armazenador) e o depositante, na operação de armazenagem de produtos agropecuários, definirão de comum acordo, **a constituição de garantias**, as quais deverão estar registradas no Certificado de Depósito Agropecuário (CDA) e no *Warrant* Agropecuário (WA).

Assim sendo, o legislador instituiu na figura de garantias dois títulos de crédito, o Certificado de Depósito Agropecuário (CDA) que é o título de crédito representativo de promessa de entrega de produtos agropecuários, seus derivados, subprodutos e resíduos de valor econômico e o *Warrant* Agropecuário (WA) que também é um título de crédito representativo de promessa de pagamento em dinheiro que confere direito de penhor sobre o CDA correspondente, assim como sobre o produto nele descrito. O CDA e o WA são títulos executivos extrajudiciais unidos, emitidos no mesmo momento pelo depositário, a pedido do depositante, podendo ser transmitidos unidos ou separadamente, mediante endosso.

As normas a serem aplicadas ao CDA e ao WA são as de direito cambial, no que forem cabíveis, observando-se o seguinte:

a) os endossos devem ser completos;

b) os endossantes não respondem pela entrega do produto, mas, tão somente, pela existência da obrigação; e

c) é dispensado o protesto cambial para assegurar o direito de regresso contra endossantes e avalistas.

Dessa forma, o Certificado de Depósito Agropecuário e o *Warrant* Agropecuário serão cartulares, antes de seu registro em sistema de registro e de liquidação financeira, ficando certo que aquele que o possuir é o legítimo titular do direito e após a sua baixa serão escriturais ou eletrônicos, enquanto permanecerem registrados em sistema de registro e de liquidação financeira.

Para esclarecimento das partes nesse negócio jurídico, entende-se como:

a) **Depositário:** pessoa jurídica apta a exercer as atividades de guarda e conservação dos produtos, de terceiros e, no caso de cooperativas, de terceiros e de associados;

b) **Depositante:** pessoa física ou jurídica responsável legal pelos produtos entregues a um depositário para guarda e conservação; e

c) **Entidade registradora autorizada:** sistema de registro e de liquidação financeira de ativos autorizado pelo Banco Central do Brasil.

O Certificado de Depósito Agropecuário e o *Warrant* Agropecuário devem conter as seguintes informações:

a) denominação do título;

b) número, que deve ser idêntico para cada conjunto de CDA e WA;

c) menção de que o depósito do produto sujeita-se às Leis n°s 9.973/2000 e 11.076/2004 e, se cooperativa à Lei nº 5.764/1971;

d) identificação e qualificação do depositante e do depositário;

e) identificação comercial do depositário;

f) cláusula à ordem;

g) local do armazenamento;

h) descrição e especificação do produto;

i) peso bruto e líquido;
j) forma de acondicionamento;
k) número de volumes, quando cabível;
l) valor dos serviços de armazenagem, conservação e expedição, periodicidade de sua cobrança e indicação do responsável pelo seu pagamento;
m) identificação do segurador do produto e do valor do seguro;
n) qualificação da garantia oferecida pelo depositário, quando for o caso;
o) data do recebimento do produto e prazo do depósito;
p) data de emissão do título;
q) identificação, qualificação e assinatura do representante do depositário; e
r) identificação precisa dos direitos que conferem.

Na solicitação de emissão do CDA e do WA, o depositante ao depositário declarará, sob as penas da lei, que o produto é de sua propriedade e está livre e desembaraçado de quaisquer ônus e outorgará, em caráter irrevogável, poderes ao depositário para transferir a propriedade do produto ao endossatário do CDA.

Após sua emissão, o depositário torna-se responsável, civil e criminalmente, inclusive perante terceiros, pelas irregularidades e inexatidões neles lançadas. Também assume a obrigação de guardar, conservar, manter a qualidade e a quantidade do produto recebido em depósito e de entregá-lo ao credor na quantidade e qualidade consignadas no CDA e no WA.

Vale lembrar que, após emissão, é obrigatório o registro do CDA e do WA em sistema de registro e de liquidação financeira de ativos autorizados pelo Banco Central do Brasil, no prazo de até 30 dias, contado da data de emissão dos títulos, no qual constará o respectivo número de controle do título. Contudo, o registro será precedido da entrega dos títulos à custódia de instituição legalmente autorizada para esse fim, mediante endosso-mandato. Já a instituição custodiante será a responsável por efetuar o endosso do CDA e do WA ao respectivo credor, quando da retirada dos títulos do sistema de registro e de liquidação financeira.

As negociações serão efetuadas por intermédio dos mercados de bolsa e de balcão com ativos financeiros, e são isentas do Imposto sobre Operações de Crédito, Câmbio e Seguro ou relativas a Títulos ou Valores Mobiliários.

As remunerações produzidas por Certificado de Depósito Agropecuário (CDA) e *Warrant* Agropecuário (WA) são isentas do Imposto de Renda, na fonte e na Declaração de Ajuste Anual das pessoas físicas; entretanto, esta isenção não se aplicam aos rendimentos auferidos por pessoas jurídicas e ao ganho de capital auferido na alienação ou cessão.

Para a retirada do produto, o credor do CDA providenciará a baixa do registro eletrônico e solicitará à instituição custodiante o endosso na cártula e a sua entrega. A baixa do registro eletrônico ocorrerá somente se o CDA e o WA estiverem em nome do mesmo credor; ou o credor do CDA consignar, em dinheiro, na instituição custodiante, o valor do principal e dos juros devidos até a data do vencimento do WA.

A consignação do valor do WA equivale ao real e efetivo pagamento da dívida, devendo a quantia consignada ser entregue ao credor do WA pela instituição custodiante, junto com a cártula do CDA, documento comprobatório do depósito consignado.

Por fim, com a entrega do CDA ao depositário, juntamente com o respectivo WA ou com o documento comprobatório, o endossatário adquire a propriedade do produto nele descrito, extinguindo-se o mandato.

Esquema da emissão até o resgate dos títulos – CDA/WA

Armazém Geral (Depositário) emite os títulos CDA e WA

| Deve ser atrelada à mercadoria depositada no armazém geral |

| Deve ser registrado em instituição financeira autorizada a funcionar pelo BACEN |

| Deve ser enviado para custódia em instituição financeira |

| Será negociada na Bolsa ou mercado de balcão como ativo financeiro |

| Terão remuneração de juros |

13 – Títulos de Crédito Agropecuário

> Quando do resgate deve ter sua baixa na instituição pelo credor do CDA

> Para baixa do CDA pelo emitente, é necessário que o credor seja também titular do WA

> No caso de não ser credor do WA, o possuidor do CDA poderá consignar em dinheiro o valor desse título na instituição custodiante

> A instituição custodiante paga o credor do WA, liberando o CDA para retirada da mercadoria

> O credor entrega o CDA e WA ou comprovante de liquidação do WA para que o armazém geral (depositário) libere a mercadoria em depósito a seu favor

Registro Contábil

Exemplo:

Considerando emissão do CDA e WA, com negociação pelo produtor apenas do WA, sugerimos os seguintes lançamentos:

1. Pela remessa dos produtos agropecuários ao armazém geral (Depositário) lançados em contas de compensação:

D – Produtos depositados em armazém geral

C – Depósito de produtos em armazém geral

2. Pela emissão dos títulos pelo armazém geral lançados em contas de compensação:

D – Emissão de CDA/WA

C – CDA/WA Emitidos

3. Pela negociação do título WA:

D – Cx./Bcos. (AC)

C – Obrigações com Terceiros – WA (PC)

4. Pela apropriação dos juros devidos:

D – Despesa com Juros (CR)

C – Obrigações com Terceiros – WA (PC)

5. Pelo resgate do WA

D- Obrigações com Terceiros – WA (PC)

C – Cx./Bcos. (AC)

13.2. CERTIFICADO DE DIREITOS CREDITÓRIOS DO AGRONEGÓCIO (CDCA)

O título de crédito CDCA está vinculado aos direitos creditórios originários de negócios realizados entre produtores rurais, ou suas cooperativas, e terceiros, inclusive financiamentos ou empréstimos, relacionados com a produção, comercialização, beneficiamento ou industrialização de produtos ou insumos agropecuários ou de máquinas e implementos utilizados na atividade agropecuária.

Assim, de acordo com a definição, o Certificado de Direitos Creditórios do Agronegócio é título de crédito nominativo, de livre negociação; não há restrição para sua circulação, representativo de promessa de pagamento em dinheiro e constitui título executivo extrajudicial. A sua emissão é ato exclusivo de cooperativas de produtores rurais e de outras pessoas jurídicas que exerçam a atividade de comercialização, beneficiamento ou industrialização de produtos e insumos agropecuários ou de máquinas e implementos utilizados na produção agropecuária, isto significa a possibilidade de captar novos recursos visando a melhor rentabilidade com a diminuição do risco.

O CDCA terá os seguintes requisitos, na sua composição:

a) o nome do emitente e a assinatura de seus representantes legais;
b) o número de ordem, local e data da emissão;
c) a denominação "Certificado de Direitos Creditórios do Agronegócio";
d) o valor nominal;
e) a identificação dos direitos creditórios a ele vinculados e seus respectivos valores, exceto quando realizado em documento à parte, do qual conste a assinatura dos representantes legais do emitente, fazendo-se menção a essa circunstância no certificado ou nos registros da instituição responsável pela manutenção dos sistemas de escrituração;
f) data de vencimento ou, se emitido para pagamento parcelado, discriminação dos valores e das datas de vencimento das diversas parcelas;
g) taxa de juros, fixa ou flutuante, admitida a capitalização;
h) o nome da instituição responsável pela custódia dos direitos creditórios a ele vinculados;
i) o nome do titular;
j) cláusula "à ordem", ressalvado quando a transferência de sua titularidade operar-se pelos sistemas de registro e de liquidação financeira de ativos autorizados pelo Banco Central do Brasil.

Outrossim, os direitos creditórios que estão vinculados ao CDCA serão registrados em sistema de registro e de liquidação financeira de ativos autorizada pelo Banco Central do Brasil, e custodiados em instituições financeiras ou outras instituições autorizadas pela Comissão de Valores Mobiliários a prestar serviço de custódia de valores mobiliários.

A instituição custodiante terá como responsabilidade manter sob sua guarda documentação que evidencie a regular constituição dos direitos creditórios vinculados ao CDCA; realizar a liquidação física e financeira dos direitos creditórios custodiados, devendo, para tanto, estar munida de poderes suficientes para efetuar sua cobrança e recebimento, por conta e ordem do emitente do CDCA; e prestar quaisquer outros serviços contratados pelo emitente do CDCA.

Será admitida a emissão em série, em que os CDCA serão vinculados a um mesmo conjunto de direitos creditórios, devendo ter igual valor nominal e conferir a seus titulares os mesmos direitos.

O CDCA poderá ser emitido sob a forma escritural, observando-se que:

a) o título será registrado em sistema de registro e de liquidação financeira de ativos autorizados pelo Banco Central do Brasil;

b) a transferência de sua titularidade operar-se-á pelos registros dos negócios efetuados na forma da letra "a".

Salienta-se que a entidade registradora é responsável pela manutenção do registro da cadeia de negócios ocorridos com os títulos registrados no sistema.

Esquema da emissão do título – CDCA

Emissão do CDCA por Cooperativa de produtos rurais ou Pessoa Jurídica agropecuária ou de máquinas/implementos agrícolas

13 – Títulos de Crédito Agropecuário

> Permite emissão por série vinculadas a um mesmo conjunto de direito creditório

> Pode ser emitida sob a forma escritural

> Registro no sistema de liquidação financeira autorizado pelo BACEN

Registro Contábil

1. Pela emissão dos títulos lançados em contas de compensação:

   D – Emissão de CDCA

   C – CDCA emitido

2. Pela negociação:

   D – Cx./Bcos. (AC)

   C – Obrigações com Terceiros – CDCA (PC)

3. Pela apropriação dos juros devidos:

   D – Despesa com Juros (CR)

   C – Obrigações com Terceiros – CDCA (PC)

4. Pelo resgate do título:

   D – Obrigações com Terceiros (CDCA)
   C – Cx./Bcos. (AC)

13.3. LETRA DE CRÉDITO DO AGRONEGÓCIO (LCA)

Também é um título que está vinculado aos direitos creditórios originários de negócios realizados entre produtores rurais, ou suas cooperativas, e terceiros, inclusive financiamentos ou empréstimos, relacionados com a produção, comercialização, beneficiamento ou industrialização de produtos ou insumos agropecuários ou de máquinas e implementos utilizados na atividade agropecuária.

Por definição, a Letra de Crédito do Agronegócio (LCA) é título de crédito nominativo, de livre negociação, representativo de promessa de pagamento em dinheiro e constitui título executivo extrajudicial, e sua emissão é exclusiva de instituições financeiras públicas ou privadas.

Na composição da LCA, terão os seguintes requisitos:

a) o nome da instituição emitente e a assinatura de seus representantes legais;

b) o número de ordem, o local e a data de emissão;

c) a denominação "Letra de Crédito do Agronegócio";

d) o valor nominal;

e) a identificação dos direitos creditórios a ela vinculados e seus respectivos valores, exceto quando realizado em documento à parte, do qual conste a assinatura dos representantes legais do emitente, fazendo-se menção a essa circunstância no certificado ou nos registros da instituição responsável pela manutenção dos sistemas de escrituração;

f) taxa de juros, fixa ou flutuante, admitida a capitalização;

g) data de vencimento ou, se emitido para pagamento parcelado, discriminação dos valores e das datas de vencimento das diversas parcelas;

h) o nome do titular;

i) cláusula "à ordem", ressalvado quando a transferência de sua titularidade operar-se pelos sistemas de registro e de liquidação financeira de ativos autorizados pelo Banco Central do Brasil.

Os direitos creditórios que estão vinculados ao LCA deverão ser registrados em sistema de registro e de liquidação financeira de ativos autorizado pelo Banco Central do Brasil, e custodiados em instituições financeiras ou outras instituições autorizadas pela Comissão de Valores Mobiliários a prestar serviço de custódia de valores mobiliários.

O LCA poderá ser emitido sob a forma escritural, observando-se que:

a) o título será registrado em sistema de registro e de liquidação financeira de ativos autorizados pelo Banco Central do Brasil;

b) a transferência de sua titularidade operar-se-á pelos registros dos negócios efetuados na forma da letra "a".

Cabe lembrar que a entidade registradora é responsável pela manutenção do registro da cadeia de negócios ocorridos com os títulos registrados no sistema.

Esquema da emissão do título – LCA

Emissão do LCA exclusiva de instituição financeira

Pode ser emitida sob a forma escritural

> Registro no sistema de liquidação financeira autorizado pelo BACEN

13.4. REGRAS COMUNS AO CDCA E À LCA

O valor do CDCA e da LCA não poderá exceder o valor total dos direitos creditórios do agronegócio a eles vinculados, ou seja, o valor fica limitado ao direito creditório.

Os emitentes de CDCA e de LCA serão responsáveis pela origem e autenticidade dos direitos creditórios a eles vinculados. Desta forma, a identificação dos direitos creditórios vinculados aos títulos poderá ser feita em documento à parte, do qual conste a assinatura dos representantes legais do emitente, fazendo-se menção a essa circunstância no certificado ou nos registros da instituição responsável pela manutenção dos sistemas de escrituração. Assim sendo, o CDCA e a LCA poderão conter outras cláusulas, que constarão de documento à parte, com a assinatura dos representantes legais do emitente, fazendo-se menção a essa circunstância em seu contexto.

O CDCA e a LCA conferem direito de penhor sobre os direitos creditórios a eles vinculados, independentemente de convenção, não se aplicando o disposto nos arts. 1.452, *caput*, e 1.453 da Lei nº 10.406/2002 – Código Civil.

No que tange a substituição dos direitos creditórios vinculados ao CDCA e à LCA, mediante acordo entre o emitente e o titular, importará na extinção do penhor sobre os direitos substituídos, constituindo-se automaticamente novo penhor sobre os direitos creditórios dados em substituição. Como vimos, além do penhor constituído, os títulos poderão contar com garantias adicionais, reais ou fidejussórias, livremente negociadas entre as partes, e a descrição das garantias reais poderá ser feita em documento à parte, assinado pelos representantes legais do emitente, fazendo-se menção a essa circunstância no contexto dos títulos.

Ressalta-se que os direitos creditórios vinculados ao CDCA e à LCA não serão penhorados, sequestrados ou arrestados em decorrência de outras dívidas do emitente desses títulos, a quem caberá informar ao juízo, que tenha determinado tal medida, a respeito da vinculação de tais direitos aos respectivos títulos, sob pena de responder pelos prejuízos resultantes de sua omissão.

O CDCA e a LCA poderão ser distribuídos publicamente e negociados em Bolsas de Valores e de Mercadorias e Futuros e em mercados de balcão organizados e autorizados a funcionar pela Comissão de Valores Mobiliários.

13.5. CERTIFICADO DE RECEBÍVEIS DO AGRONEGÓCIO (CRA)

Resumidamente, o Certificado de Recebíveis do Agronegócio (CRA) também é título de crédito nominativo, de livre negociação, representativo de promessa de pagamento em dinheiro e constitui título executivo extrajudicial, e sua emissão é exclusiva das companhias securitizadoras de direitos creditórios do agronegócio.

O CRA terá os seguintes requisitos:

a) nome da companhia emitente;
b) número de ordem, local e data de emissão;
c) denominação "Certificado de Recebíveis do Agronegócio";
d) nome do titular;
e) valor nominal;
f) data de vencimento ou, se emitido para pagamento parcelado, discriminação dos valores e das datas de vencimento das diversas parcelas;
g) taxa de juros, fixa ou flutuante, admitida a capitalização;
h) identificação do Termo de Securitização de Direitos Creditórios que lhe tenha dado origem.

O CRA poderá ser emitido sob a forma escritural, observando-se que:

a) o título será registrado em sistema de registro e de liquidação financeira de ativos autorizados pelo Banco Central do Brasil e a entidade registradora será responsável pela manutenção do registro da cadeia de negócios ocorridos com os títulos registrados no sistema;

b) a transferência de sua titularidade operar-se-á pelos registros dos negócios efetuados na forma da letra "a".

Conforme previsto no Termo de Securitização de Direitos Creditórios, o CRA poderá ter garantia flutuante, que assegurará ao seu titular privilégio geral sobre o ativo da companhia securitizadora, mas não impedirá a negociação dos bens que compõem esse ativo.

Para o mercado, as companhias securitizadoras de direitos creditórios do agronegócio são instituições não financeiras constituídas sob a forma de sociedade por ações e terão por finalidade a aquisição e securitização desses direitos e a emissão e colocação de Certificados de Recebíveis do Agronegócio no mercado financeiro e de capitais.

Quando as companhias securitizadoras de direitos creditórios do agronegócio instituírem, pois elas podem, o regime fiduciário sobre direitos creditórios oriundos do agronegócio, será regido, no que couber, pelas disposições expressas nos arts. 9º a 16 da Lei nº 9.514/1997.

A securitização de direitos creditórios do agronegócio é a operação pela qual tais direitos são expressamente vinculados à emissão de uma série de títulos de crédito, mediante Termo de Securitização de Direitos Creditórios, emitido por uma companhia securitizadora, do qual constarão os seguintes elementos:

a) identificação do devedor;
b) valor nominal e o vencimento de cada direito creditório a ele vinculado;
c) identificação dos títulos emitidos;
d) indicação de outras garantias de resgate dos títulos da série emitida, quando constituídas.

Concluindo, o CRA poderá ser distribuído publicamente e negociado em Bolsas de Valores e de Mercadorias e Futuros e em mercados de balcão organizados e autorizados a funcionar pela Comissão de Valores Mobiliários.

Esquema da emissão do título – CRA

Emissão do CRA exclusiva de companhias securitizadoras

Pode ser emitida sob a forma escritural

Registro no sistema de liquidação financeira autorizado pelo BACEN

Poderá ser distribuído publicamente e negociadas em bolsa de valores e mercado de balcão

14

TRIBUTAÇÃO NA ATIVIDADE RURAL

14.1. PESSOA FÍSICA

14.1.1. Apuração do resultado mediante escrituração do Livro Caixa

O resultado da exploração da atividade rural por pessoas físicas deve ser apurado mediante escrituração de Livro Caixa, que não precisa ser autenticado por órgão público, mas deve ter suas folhas numeradas sequencialmente e conter, no início e no encerramento, anotações em forma de "Termos" que identifiquem o contribuinte e a finalidade do livro.

A escrituração desse livro:

a) deverá abranger as receitas, as despesas de custeio, os investimentos e demais valores que integram o resultado da atividade rural, relativos a todas as unidades rurais exploradas pelo contribuinte, de modo a permitir a apuração do resultado;

b) não pode conter intervalos em branco, entrelinhas, borraduras, raspaduras ou emendas;

c) pode ser feita por meio de sistema de processamento eletrônico, em formulários contínuos, com suas subdivisões numeradas, em ordem sequencial ou tipograficamente;

d) deverá ser realizada até a data prevista para a entrega tempestiva da Declaração de Ajuste Anual do ano-calendário correspondente.

É permitida a escrituração do livro Caixa pelo sistema de processamento eletrônico, com subdivisões numeradas em ordem sequencial ou tipograficamente.

A RFB disponibiliza o programa aplicativo do livro Caixa da Atividade Rural para pessoa física que exerça a atividade rural no Brasil ou no exterior, no sítio <www.receita.gov.br>.

14.1.2. Dispensa de escrituração

Quando a receita bruta auferida não exceder R$ 56.000,00, será facultada a apuração do resultado mediante prova documental, dispensada a escrituração do livro Caixa (Instrução Normativa SRF nº 83/2001, arts. 22 a 25).

Considera-se prova documental aquela baseada em documentos nos quais fiquem comprovados e demonstrados os valores das receitas recebidas, das despesas de custeio e dos investimentos pagos no ano-calendário.

Em caso de opção por essa alternativa, o resultado negativo apurado não poderá ser compensado. Mesmo que não esteja obrigado a manter escrituração do Livro Caixa, o contribuinte deve, quando solicitado pela autoridade fiscal, comprovar a veracidade das receitas e das despesas por meio de documentação hábil e idônea que identifique o adquirente dos bens ou o beneficiário do pagamento das despesas, o valor e a data da operação.

A partir do ano-calendário de 2019 o produtor rural que auferir, durante o ano, receita bruta total da atividade rural superior a R$ 4.800.000,00 deverá entregar arquivo digital com a escrituração do Livro Caixa Digital do Produtor Rural (LCDPR), conforme determina o art. 23-A da Instrução Normativa SRF nº 83/2001.

O leiaute e o manual de preenchimento do LCDPR serão divulgados pela Coordenação-Geral de Programação e Estudos (Copes) por meio de Ato declaratório Executivo (ADE) a ser publicado no Diário Oficial da União (DOU).

O LCDPR deverá ser assinado digitalmente, por meio de certificado digital válido, emitido por entidade credenciada pela Infraestrutura de Chaves Públicas Brasileira (ICP-Brasil), a fim de garantir a autoria do documento digital.

A entrega do arquivo digital que contém o LCDPR escriturado e assinado deverá ser realizada até o final do prazo de entrega da declaração do Imposto sobre a Renda da Pessoa Física no respectivo ano-calendário.

O contribuinte que auferir, no ano-calendário, receita bruta total da atividade rural inferior à R$ 4.800.000,00 poderá escriturar e entregar o LCDPR.

Excepcionalmente, para o ano-calendário de 2019, o limite para obrigatoriedade de entrega do LCDPR será de R$ 7.200.000,00.

Estará sujeito às multas previstas no art. 57 da Medida Provisória nº 2.158-35/2001, o produtor rural pessoa física que deixar de apresentar o LCDPR no prazo estabelecido ou o apresentar com incorreções ou omissões, conforme determina o art. 23-B da Instrução Normativa SRF nº 83/2001.

14.1.3. Arbitramento do resultado por falta de escrituração

A ausência de escrituração implicará o arbitramento do resultado à razão de 20% da receita bruta do ano-calendário, exceto na hipótese tratada no subtópico 1.2.

14.1.4. Exploração de um mesmo imóvel rural por mais de uma pessoa

Os arrendatários, os condôminos e os parceiros na exploração da atividade rural deverão apurar o resultado, separadamente, na proporção dos rendimentos e das despesas que couberem a cada um, devendo essa condição ser comprovada documentalmente (mediante contrato escrito).

Na hipótese de parceria rural, somente serão considerados como provenientes da atividade rural os rendimentos para cuja obtenção o parceiro houver assumido os riscos inerentes à exploração da respectiva atividade.

Se o contrato assegurar remuneração ao proprietário do imóvel rural independentemente da produção, tal remuneração será tratada como aluguel ou arrendamento, sujeitando-se à tributação, no carnê--leão e na Declaração de Ajuste, se o proprietário do imóvel for pessoa física.

14.1.5. Resultado produzido por imóvel rural de propriedade comum do casal

O resultado da atividade rural produzido em unidade rural comum ao casal, em decorrência do regime de casamento, deve ser apurado e tributado pelos cônjuges proporcionalmente à sua parte.

Opcionalmente, o resultado da unidade rural comum poderá ser apurado e tributado englobadamente na declaração de um dos cônjuges.

14.1.6. Receita bruta da atividade rural

14.1.6.1. Valores integrantes

A receita bruta da atividade rural é constituída pelo montante das vendas dos produtos oriundos das atividades rurais, exploradas pelo próprio vendedor, sem exclusão do ICMS e do Funrural.

Integram também a receita bruta da atividade rural:

a) os valores recebidos de órgãos públicos, tais como auxílios, subvenções, subsídios, Aquisições do Governo Federal (AGF), e as indenizações recebidas do Proagro;

b) o montante ressarcido ao produtor agrícola pela implantação e manutenção da cultura fumageira;

c) os valores recebidos pela venda de bens utilizados exclusivamente na atividade rural (tais como tratores, implementos agrícolas, máquinas etc.), exceto o valor da terra nua, ainda que adquiridos pelas modalidades de arrendamento mercantil (*leasing*) e consórcio;

d) o valor de produtos agrícolas entregues em permuta com outros bens ou pela dação em pagamento;

e) o valor pelo qual o subscritor transfere os bens utilizados na exploração da atividade rural e os produtos e os animais dela decorrentes, a título de integralização de capital.

Os rendimentos auferidos pelo usufrutuário que exerça atividade rural no imóvel objeto do usufruto também devem integrar o resultado da atividade rural. Se o usufrutuário não exercer atividade rural, os rendimentos decorrentes de propriedade rural objeto de usufruto não serão considerados integrantes da atividade rural e deverão ser tributados na fonte (se recebidos de pessoa jurídica) ou no carnê-leão (se recebidos de pessoa física) e na Declaração de Ajuste ("Perguntas e Respostas – IRPF/2020 da RFB" – Questão 468).

Na alienação de imóveis rurais, a parcela do preço correspondente às benfeitorias será computada:

a) como receita da atividade rural, quando o seu valor de aquisição houver sido deduzido como custo ou despesa da atividade rural;

b) como valor da alienação, nos demais casos, hipótese em que o resultado apurado na alienação do imóvel todo (terra nua e benfeitorias), quando positivo (lucro), será tributável como ganho de capital.

Não são considerados integrantes da atividade rural:

I – as receitas provenientes de:

a) aluguel ou arrendamento de máquinas e equipamentos agrícolas e pastagens e prestação de serviços de transporte de produtos de terceiros, as quais devem ser incluídas com os demais rendimentos tributáveis na Declaração de Ajuste Anual, sujeitando-se, inclusive, ao recolhimento mensal obrigatório (carnê-leão), quando recebidas de pessoas físicas;

b) venda de recursos minerais extraídos de propriedade rural, tais como metal nobre, pedras preciosas, areia, aterro, pedreiras;

c) venda de produtos agropecuários recebidos em herança ou doação, quando o herdeiro ou donatário não explore atividade rural;
d) aplicações financeiras de recursos no período compreendido entre dois ciclos de produção;
e) prêmios ganhos a qualquer título pelos animais que participarem em concursos, competições, feiras e exposições;
f) prêmios recebidos de entidades promotoras de competições hípicas pelos proprietários, criadores e profissionais do turfe;
g) receitas da exportação do turismo rural e hotel fazenda;

II – o ganho auferido por proprietário de rebanho entregue, mediante contrato por escrito, à outra parte contratante (simples possuidora do rebanho) para o fim específico de procriação, ainda que o rendimento seja predeterminado em número de animais;

III – o valor de venda da terra nua, devendo o resultado positivo apurado em tal operação ser tributado como ganho de capital.

14.1.6.2. Vendas para recebimento a prazo

Nas vendas para recebimento a prazo, serão computadas como receitas as parcelas efetivamente recebidas.

No caso de aquisição de bens por meio de permuta com produtos rurais, quando ficar caracterizado o pagamento parcelado, os valores correspondentes aos produtos rurais entregues serão considerados receita no mês relativo ao pagamento de cada parcela.

14.1.6.3. Comprovação

A receita bruta da atividade rural decorrente da comercialização dos produtos deverá ser sempre comprovada por documentos usualmente utilizados nessas atividades, tais como Nota Fiscal de Produtor, Nota Fiscal de Entrada, Nota Promissória Rural vinculada à Nota Fiscal de Produtor e demais documentos reconhecidos pelas fiscalizações estaduais e do Distrito Federal.

Quando a receita bruta da atividade rural for decorrente da alienação de bens utilizados na exploração da atividade rural, a comprovação poderá ser feita por documentação hábil e idônea, da qual necessariamente constem o nome, o CPF ou CNPJ e o endereço do adquirente ou do beneficiário, bem como a data e o valor da operação em moeda corrente nacional.

14.1.6.4. Adiantamentos recebidos por conta de safra não colhida

Os adiantamentos de recursos financeiros recebidos por conta de contrato de compra e venda de produtos agrícolas para entrega futura serão computados como receita da atividade rural no mês da efetiva entrega do produto.

Observe-se que o valor relativo a adiantamento computado como receita, devolvido após a entrega do produto, constitui despesa no mês da devolução.

Se a devolução ocorrer antes da entrega do produto, esta não constituirá despesa, devendo ser diminuída da importância recebida por conta de venda para entrega futura.

14.1.6.5. Vendas com preço final sujeito à variação

Nas vendas de produtos com preço final sujeito à cotação em bolsa de mercadorias ou à cotação internacional do produto, a diferença apurada por ocasião do fechamento da operação compõe o resultado da atividade rural.

14.1.7. Despesas de custeio e investimentos

14.1.7.1. Dedução das receitas – Valores abrangidos

Na apuração do resultado da atividade rural, serão deduzidos das receitas as despesas de custeio e os investimentos efetivamente pagos, observando-se que:

I – as despesas de custeio são aquelas necessárias à percepção dos rendimentos da atividade rural e à manutenção da fonte produtora, relacionadas com a natureza da(s) atividade(s) rural(is) exercida(s), tais como:

    a)   gastos realizados com combustíveis, lubrificantes, salários, aluguéis, arrendamentos, ferramentas e utensílios, corretivos e fertilizantes, defensivos agrícolas e animal, rações, vacinas e medicamentos;

b) impostos (exceto Imposto de Renda), taxas e contribuições para o INSS;

c) encargos financeiros efetivamente pagos em decorrência de empréstimos contraídos para o financiamento da atividade rural;

II – os investimentos são recursos financeiros efetivamente aplicados durante o ano-calendário com vistas ao desenvolvimento da atividade, para a expansão da produção e melhoria da produtividade, realizados com:

a) benfeitorias resultantes de construção, instalações, melhoramentos, reparos, bem como de limpeza de diques, comportas e canais;

b) culturas permanentes, essências florestais e pastagens artificiais;

c) aquisição de tratores, implementos e equipamentos, máquinas, motores, veículos de carga, utensílios e bens de duração superior a um ano (computadores, telefones, fax etc.), bem como de botes de pesca ou caíque, frigoríficos para conservação de pesca, cordas, anzóis, boias, guinchos e reformas de embarcações;

d) animais de trabalho, produção e engorda;

e) serviços técnicos especializados, devidamente contratados, que visem a elevar a eficiência do uso dos recursos da propriedade ou exploração rural;

f) insumos que contribuam destacadamente para a elevação da produtividade, tais como reprodutores, matrizes, alevinos e girinos, sementes e mudas selecionadas, corretivos de solo, fertilizantes, vacinas e defensivos vegetais e animais;

g) atividades que visem especificamente à elevação socioeconômica do trabalhador rural, tais como casas de trabalhadores, prédios e galpões para atividades recreativas, educacionais e de saúde;

h) estradas que facilitem o acesso ou a circulação na propriedade;

i) instalação de aparelhagem de comunicação, bússola, sonda, radares e energia elétrica;

j) bolsas para formação de técnicos em atividades rurais, inclusive gerentes de estabelecimentos e contabilistas.

14.1.7.2. Dedução no mês do pagamento

As despesas de custeio e os investimentos são dedutíveis no mês do efetivo pagamento, observado que:

a) no caso de bens adquiridos por meio de financiamento rural, a dedução ocorrerá no mês do pagamento do bem e não no mês do pagamento do empréstimo;

b) no caso de bens adquiridos por meio de consórcio ou *leasing*, considera-se dedutível a despesa no momento do pagamento de cada parcela, ressalvando-se que, no caso de consórcio, o valor das parcelas pagas antes do recebimento do bem somente poderá ser deduzido no ano-calendário em que o bem for recebido;

c) os bens adquiridos por meio de permuta com produtos rurais que caracterizem pagamento parcelado serão considerados despesa no mês do pagamento de cada parcela, sendo os valores correspondentes aos produtos rurais tributados como receita no mesmo mês.

14.1.7.3. Comprovação

As despesas de custeio e os investimentos serão comprovados por meio de documentos idôneos, tais como nota fiscal, fatura, recibo, contrato de prestação de serviços, laudo de vistoria de órgão financiador e folha de pagamento de empregados, de modo que possa ser identificada adequadamente a destinação dos recursos.

14.1.8. Declaração de ajuste anual

14.1.8.1. Obrigatoriedade de apresentação do Demonstrativo da Atividade Rural

A apuração do resultado da atividade rural explorada por pessoa física deverá ser demonstrada na Atividade Rural, cujo preenchimento é obrigatório caso o contribuinte se enquadre em qualquer uma das seguintes situações:

a) em 2019, tenha apurado resultado positivo de atividade rural, em qualquer montante, e está obrigado a apresentar a Declaração de Ajuste relativa a esse ano;

b) o montante da sua participação nas receitas brutas das unidades rurais exploradas individualmente, em parceria ou condomínio, em 2019, superior a R$ 142.798,50, caso tenha exclusivamente receitas da atividade rural;

c) deseje compensar saldo de prejuízo acumulado.

Caso o contribuinte exerça atividades rurais no exterior, deverá preencher as fichas correspondentes à apuração do resultado em cada país, na respectiva moeda.

14.1.8.2. Formas de apresentação

A Declaração de Ajuste Anual deve ser apresentada:

a) computador, por meio do Programa Gerador da Declaração (PGD), disponível no sítio da Secretaria Especial da Receita Federal do Brasil (RFB) na Internet;

b) computador, mediante acesso ao serviço "Meu Imposto de Renda", disponível no Centro Virtual de Atendimento (e-CAC) no sítio da RFB na Internet, observada as vedações no art. 5º da Instrução Normativa RFB nº 1.751/2017; ou

c) dispositivos móveis, tais como tablets e smartphones, mediante acesso ao serviço "Meu Imposto de Renda". O acesso ao serviço "Meu Imposto de Renda" com a utilização de dispositivos móveis, é feito por meio do aplicativo APP "Meu Imposto de Renda", disponível nas lojas de aplicativos Google play, para o sistema operacional Android, ou App Store, para o sistema operacional iOS. O acesso ao serviço "Meu Imposto de Renda" com a utilização de computador, será feito com certificado digital:

c.1) pelo contribuinte; ou

c.2) por representante do contribuinte, com procuração eletrônica ou a procuração de que trata a Instrução Normativa RFB nº 1.751/2017.

14.1.8.3. Opção pelo desconto simplificado

O desconto simplificado é o percentual de 20% dos rendimentos tributáveis, limitado, em 2019, a R$ 16.754,34, em substituição a todas as deduções legais da declaração completa, sem necessidade de comprovação.

Qualquer contribuinte pode optar pelo desconto simplificado, exceto aquele que deseje compensar no ano-calendário de 2019 ou posteriores resultado negativo (prejuízo) da atividade rural de anos-calendário anteriores ou do próprio ano-calendário de 2019 ou compensar imposto pago no exterior. Nesses casos, o contribuinte deve entregar a declaração no modelo completo, com todas as deduções permitidas.

14.1.9. Resultado tributável

Considera-se resultado da atividade rural a diferença entre os valores das receitas recebidas e das despesas de custeio e dos investimentos pagos no ano-calendário, correspondentes a todas as unidades rurais exploradas pela pessoa física.

Entretanto, à opção do contribuinte, o resultado tributável da atividade rural, quando positivo, limitar-se-á a 20% da receita bruta do ano-calendário, mas sem direito de compensar prejuízos de anos anteriores.

14.1.10. Compensação de prejuízos

O prejuízo da atividade rural apurado pela pessoa física em um ano-calendário poderá ser compensado com o resultado positivo obtido nos anos-calendário posteriores.

No ano-calendário de 2019, para essa compensação, bastava transportar o saldo dos prejuízos constantes do Demonstrativo da Atividade Rural do ano-calendário de 2018.

Para a compensação de prejuízos, a pessoa física deverá:

a) manter a escrituração do Livro Caixa, ainda que esteja dispensada dessa obrigação;

b) apresentar o Demonstrativo da Atividade Rural juntamente com a Declaração de Ajuste Anual.

O saldo de prejuízos apurados por contribuinte falecido (ainda não deduzido) poderá ser utilizado pelo meeiro e pelos sucessores legítimos, que continuarem a exploração da atividade rural, após o encerramento do inventário, proporcionalmente à parcela da unidade rural a que corresponder o prejuízo que couber a cada beneficiário.

Se o contribuinte optar pela apuração do resultado mediante arbitramento, à razão de 20% da receita bruta, perderá o direito à compensação do total dos prejuízos.

14.1.11. Bens da atividade rural

Os bens e as benfeitorias utilizados na exploração da atividade rural, exceto a terra nua, devem ser informados no quadro relativo a bens da atividade rural, constante do Demonstrativo da Atividade Rural do ano-calendário de 2019, observado que:

a) os adquiridos até 31.12.2018 devem ser relacionados apenas na coluna "Discriminação", sem o preenchimento da coluna "Valores em Reais";

b) os adquiridos a partir de 1º.01.2019 e utilizados exclusivamente na exploração da atividade rural, ainda que sejam considerados despesas no mês do pagamento, devem ser relacionados nas colunas "Discriminação" e "Valores em Reais";

c) os adquiridos até 31.12.2018 e alienados em 2019 constarão apenas na coluna "Discriminação", devendo ser informados a data e o valor de alienação;

d) os adquiridos e alienados em 2019 constarão apenas na coluna "Discriminação", devendo ser informados as datas e os valores de aquisições e alienações;

e) a produção em estoque deverá ser informada apenas na coluna "Discriminação" em quantidade, sem indicação de valor.

O contribuinte obrigado à apresentação da Declaração de Ajuste Anual e desobrigado do preenchimento do anexo da Atividade Rural poderá declarar os bens destinados à exploração da atividade rural no primeiro exercício em que ficar obrigado à apresentação do Demonstrativo da Atividade Rural ("Perguntas e Respostas – IRPF/2020 da RFB" – Questão 495).

Entretanto, caso pretenda compensar, no ano-calendário de 2019 ou posteriores, resultados negativos (prejuízos) de anos-calendário anteriores ou do próprio ano-calendário de 2019, deve apresentar a Declaração de Ajuste Anual por meio do Programa IRPF 2020, com o preenchimento do Demonstrativo da Atividade Rural.

A terra nua deverá ser informada somente na "Declaração de Bens e Direitos" da Declaração de Ajuste Anual.

14.1.12. Atividade rural exercida no exterior

O resultado da atividade rural exercida no exterior por residentes e domiciliados no Brasil, quando positivo, integrará a base de cálculo do imposto devido na Declaração de Ajuste Anual, observando-se que:

I – na apuração do resultado da atividade rural exercida no exterior, aplicam-se as mesmas normas previstas para contribuintes que exploram atividade rural no Brasil, mais as seguintes:

a) o contribuinte deverá preencher as fichas correspondentes à apuração do resultado em cada país, na respectiva moeda. O resultado da atividade no exterior será convertido da moeda de cada país para o dólar dos Estados Unidos da América e consolidado (soma algébrica), para posterior conversão em reais;

b) o resultado positivo da atividade rural exercida no exterior, por residente ou domiciliado no Brasil, não poderá ser compensado com o resultado negativo obtido no Brasil. Também não poderá ser compensado o resultado negativo (prejuízo) obtido no exterior com resultado positivo obtido no Brasil;

II – o Imposto de Renda pago no exterior sobre os rendimentos da exploração de atividades rurais poderá ser compensado com o imposto devido no Brasil, sob as seguintes condições:

a) o valor compensável fica limitado à diferença entre o imposto, devido no Brasil, calculado com a inclusão dos rendimentos obtidos no exterior e o imposto calculado sem a inclusão desses rendimentos;

b) somente poderá ser compensado o imposto pago em país:

b.1) com o qual o Brasil tenha firmado acordos, tratados ou convenções internacionais que prevejam a compensação; ou

b.2) no qual haja reciprocidade de tratamento para o imposto pago no Brasil, comprovada com cópia da lei publicada em órgão de imprensa oficial do país de origem do rendimento, traduzida por tradutor juramentado e autenticada pela representação diplomática do Brasil naquele país, ou mediante declaração deste órgão que ateste a reciprocidade de tratamento tributário; é dispensada a prova por esses meios quando a existência da reciprocidade já tenha sido reconhecida pela Receita Federal, por meio de Ato Declaratório, como nos casos dos Estados Unidos da América e do Reino Unido (Inglaterra, Escócia, País de Gales e Irlanda do Norte) (Ato Declaratório SRF nº 28/2000 e Ato Declaratório SRF nº 48/2000);

c) não poderá ser compensado o imposto pago no exterior que seja compensável ou restituível no país de origem dos rendimentos;

III – a conversão da moeda do país para dólar dos Estados Unidos da América de que trata o tópico I deve ser feita utilizando-se o valor fixado para este pela autoridade monetária do país onde é exercida a atividade rural para o último dia do ano-calendário a que se refere.

14.1.13. Atividade rural exercida no Brasil por residente no exterior

O resultado decorrente da atividade rural, exercida no Brasil por residente ou domiciliado no exterior, apurado por ocasião do encerramento do ano-calendário, constituirá a base de cálculo do imposto e será tributado à alíquota de 15%, observado o seguinte:

I – a apuração do resultado deverá ser feita por procurador, a quem compete reter e recolher o imposto devido;

II – o imposto apurado deverá ser pago na data da ocorrência do fato gerador;

III – ocorrendo remessa de lucros antes do encerramento do ano-calendário, o imposto deverá ser recolhido no ato sobre o valor remetido por ocasião do evento, exceto no caso de devolução de capital;

IV – na apuração do resultado da atividade rural não são permitidas:

    a) opção pelo arbitramento da base de cálculo à razão de 20% da receita bruta;

    b) compensação de prejuízos apurados.

14.2. PESSOA JURÍDICA

14.2.1. Introdução

As pessoas jurídicas que tenham por objeto a exploração da atividade rural estão sujeitas aos procedimentos a seguir focalizados, no tocante à apuração e à tributação dos resultados decorrentes desta atividade, em consonância com o RIR/2018, arts. 477, 583, 623, § único e 624, § 2º; Lei nº 9.250/1995, art. 17; Lei nº 9.430/1996, art. 59; e nas Instruções Normativas SRF nº 11/1996 e RFB nº 1.700/2017.

Os condomínios e consórcios constituídos por agricultores e trabalhadores rurais, nos termos da Lei nº 4.504/1964, art. 14, com a redação dada pela Medida Provisória nº 2.183-56/2001, art. 2º, submetem-se às regras aplicáveis às demais pessoas jurídicas rurais.

14.2.2. Benefícios fiscais

Desde o ano-calendário de 1996, os únicos benefícios fiscais de que gozam as empresas que exploram atividade rural são:

a) depreciação de bens do ativo imobilizado, exceto terra nua, adquiridos para uso nessa atividade, integralmente no ano da aquisição, observados os procedimentos tratados no subitem 14.2.5;

b) não sujeição ao limite de 30% do lucro real, para fins de compensação de prejuízos fiscais de períodos-base anteriores, apurados na atividade rural.

Saliente-se que a não sujeição ao referido limite de 30% somente se aplica à compensação de prejuízos para fins de apuração do lucro real.

Para efeito de determinação da base de cálculo da Contribuição Social sobre o Lucro (CSL), a compensação de resultado negativo apurado na determinação da base de cálculo da contribuição em período-base anterior fica limitada a 30% do resultado positivo apurado, depois de ajustado o lucro líquido pelas adições e exclusões previstas na legislação pertinente. Não se aplica o limite de 30%, dentro do mesmo período de apuração, na compensação de base negativa da atividade rural com o resultado ajustado das demais atividades ou na compensação do resultado positivo da atividade rural com a base negativa das demais atividades.

Portanto, para fins de apuração da CSL, o limite de 30% aplica-se somente na compensação das bases negativas decorrentes das demais atividades da pessoa jurídica rural com os resultados positivos da atividade rural ou de demais atividades em período subsequente, bem como à compensação de bases negativas da atividade rural com o resultado ajustado de outra atividade determinado em período subsequente (Instrução Normativa RFB n° 1.700/2017).

14.2.3. Atividades consideradas rurais

Na exploração da atividade rural, incluem-se as operações de giro normal da pessoa jurídica, em decorrência das seguintes atividades consideradas rurais:

a) a agricultura;
b) a pecuária;
c) a extração e a exploração vegetal e animal;
d) a exploração de atividades zootécnicas, tais como apicultura, avicultura, cunicultura, suinocultura, sericicultura, piscicultura e outras culturas animais;
e) o cultivo de florestas que se destinem ao corte para comercialização, consumo ou industrialização;
f) a venda de rebanho de renda, reprodutores ou matrizes;
g) a transformação de produtos decorrentes da atividade rural, sem que sejam alteradas a composição e as características do produto *in natura*, feita pelo próprio agricultor ou criador, com equipamentos e utensílios usualmente empregados nas atividades rurais, utilizando exclusivamente matéria-prima produzida na área rural explorada, tais como:

   g.1) beneficiamento de produtos agrícolas: descasque de arroz e de outros produtos semelhantes, debulha de milho, conserva de frutas;

   g.2) transformação de produtos agrícolas: moagem de trigo e de milho, moagem de cana-de-açúcar para produção de açúcar mascavo, melado, rapadura, grãos em farinha ou farelo;

   g.3) transformação de produtos zootécnicos: produção de mel acondicionado em embalagem de apresentação, laticínio (pasteurização e acondicionamento de leite; transformação de leite em queijo, manteiga e requeijão), produção de sucos de frutas acondicionados em embalagem de apresentação, produção de adubos orgânicos;

g.4) transformação de produtos florestais: produção de carvão vegetal, produção de lenha com árvores da propriedade rural, venda de pinheiros e madeira de árvores plantadas na propriedade rural;

g.5) produção de embriões de rebanho em geral, alevinos e girinos, em propriedade rural, independentemente de sua destinação (reprodução ou comercialização).

A atividade de captura de pescado *in natura* é considerada extração animal, desde que a exploração se faça com apetrechos semelhantes aos da pesca artesanal (arrastões de praia, rede de cerca etc.), inclusive a exploração em regime de parceria.

Considera-se unidade rural, para fins do Imposto de Renda, a embarcação para captura *in natura* do pescado, e o imóvel, ou qualquer lugar, utilizado para exploração ininterrupta da atividade rural.

14.2.4. Atividades que não são consideradas como rurais

Não se consideram atividades rurais:

a) a industrialização de produtos, tais como bebidas alcoólicas em geral, óleos essenciais, arroz beneficiado em máquinas industriais, fabricação de vinho com uvas ou frutas;

b) a comercialização de produtos rurais de terceiros e a compra e venda de rebanho com permanência em poder da pessoa jurídica rural em prazo inferior a 52 dias, quando em regime de confinamento, ou 138 dias, nos demais casos;

c) o beneficiamento ou a industrialização de pescado *in natura*;

d) o ganho auferido pela pessoa jurídica rural proprietária de rebanho, entregue, mediante contrato por escrito, à outra parte contratante (simples possuidora do rebanho) para o fim específico de procriação, ainda que o rendimento seja predeterminado em número de animais;

e) as receitas provenientes do aluguel ou arrendamento de máquinas, equipamentos agrícolas e pastagens, e da prestação de serviços em geral, inclusive a de transporte de produtos de terceiros;

f) as receitas decorrentes da venda de recursos minerais extraídos de propriedade rural, tais como metal nobre, pedras preciosas, areia, aterro, pedreiras;

g) as receitas financeiras de aplicações de recursos no período compreendido entre dois ciclos de produção;

h) os valores dos prêmios ganhos a qualquer título pelos animais que participarem em concursos, competições, feiras e exposições;

i) os prêmios recebidos de entidades promotoras de competições hípicas pelos proprietários, criadores e profissionais do turfe;

j) as receitas oriundas da exploração do turismo rural e de hotel fazenda (Instrução Normativa RFB nº 1.700/2017, art. 250).

14.2.5. Depreciação de bens do Ativo Imobilizado

A depreciação, integralmente no ano da aquisição, de bens do ativo imobilizado adquiridos por empresa que explora atividade rural, para uso nessa atividade, que havia sido autorizada pela Lei nº 8.023/1990, art. 12, § 2º, foi eliminada pela Lei nº 9.249/1995, art. 36, inciso III, mas depois foi restaurada pela Medida Provisória nº 1.459/1996 (art. 7º), e mantida nas reedições posteriores dessa MP. Atualmente, está prevista na MP nº 2.159-70/2001, art. 6º.

O gozo desse benefício, cuja restauração aplica-se a bens adquiridos desde 22.05.1996 (data da publicação da MP nº 1.459/1996), subordina-se às regras de depreciação acelerada (RIR/2018, art. 325; Instrução Normativa RFB nº 1.700/2017).

Assim, os bens do ativo permanente imobilizado, exceto a terra nua, adquiridos por pessoa jurídica rural, para uso nessa atividade, poderão ser depreciados integralmente no próprio ano de aquisição.

O encargo de depreciação dos bens, calculado à taxa normal, será registrado na escrituração comercial e o complemento para atingir o valor integral do bem constituirá exclusão para fins de determinação da base de cálculo do imposto correspondente à atividade rural.

O valor a ser excluído, correspondente à atividade rural, será igual à diferença entre o custo de aquisição do bem do ativo permanente destinado à atividade rural e o respectivo encargo de depreciação normal escriturado durante o período de apuração do imposto, e deverá ser controlado na Parte "B" do Lalur.

A partir do período de apuração seguinte ao da aquisição do bem, o encargo de depreciação normal que vier a ser registrado na escrituração comercial deverá ser adicionado ao resultado líquido correspondente à atividade rural, efetuando-se a baixa do respectivo valor no saldo da depreciação incentivada controlado na Parte "B" do Lalur.

Observe-se que o total da depreciação acumulada, incluindo a normal e a complementar, não poderá ultrapassar o custo de aquisição do bem.

Portanto, de acordo com esses procedimentos, no período-base em que a depreciação normal reajustada na escrituração mercantil (só ela) atingir 100% do custo do bem, o saldo da depreciação acelerada, registrado na Parte "B" do Lalur, ficará zerado.

14.2.6. Alienação dos bens da atividade rural

No caso de alienação dos bens, o saldo da depreciação complementar existente na Parte "B" do Lalur, será adicionado ao resultado líquido da atividade rural no período de apuração da alienação.

14.2.7. Utilização dos bens da atividade rural em outras atividades

Não fará jus ao benefício de que trata este item a pessoa jurídica rural que direcionar a utilização do bem exclusivamente para outras atividades estranhas à atividade rural própria.

No período de apuração em que o bem já totalmente depreciado, em virtude da depreciação incentivada, for desviado exclusivamente para outras atividades, deverá ser adicionado ao resultado líquido da atividade rural o saldo da depreciação complementar existente na Parte "B" do Lalur.

Retornando o bem a ser utilizado na produção rural própria da pessoa jurídica, esta poderá voltar a fazer jus ao benefício da depreciação incentivada, excluindo do resultado líquido da atividade rural no período a diferença entre o custo de aquisição do bem e a depreciação acumulada até a época, fazendo os devidos registros na Parte "B" do Lalur.

14.2.8. Pessoa jurídica rural que retornar ao lucro real

A pessoa jurídica rural que retornar à tributação com base no lucro real deverá adicionar o encargo de depreciação normal registrado na escrituração comercial, relativo a bens já totalmente depreciados, ao resultado líquido do período de apuração, para determinação do lucro real da atividade rural, efetuando a baixa do respectivo valor no saldo da depreciação incentivada controlado na Parte "B" do Lalur.

Exemplo:

Se admitirmos hipoteticamente que uma empresa que explora atividade rural, submetida à apuração anual do lucro real, adquiriu um trator em janeiro de 2019, cuja taxa normal de depreciação é de 20%, pelo valor de R$ 100.000,00, temos o seguinte:

a) na escrituração comercial, registrou-se a depreciação normal, importando a quota anual em R$ 20.000,00 (20% de R$ 100.000,00);

b) em 31 de dezembro de 2019, pôde ser excluída do lucro líquido, na Parte A do Lalur, a título de depreciação acelerada, a quantia de R$ 80.000,00;

c) a importância de R$ 80.000,00, relativa à depreciação acelerada excluída do lucro líquido, deve ser registrada em conta de controle na Parte "B" do Lalur;

d) a partir de 2020, a depreciação normal que for contabilizada (20% ao ano) deverá ser adicionada ao lucro líquido na Parte "A" do Lalur e os valores que forem adicionados em cada ano deverão ser baixados na conta de controle da Parte "B".

Saliente-se que, no caso de bens adquiridos até 31.12.1995, o valor da depreciação complementar, registrado na Parte "B" do Lalur até essa data, ficou sujeito à correção monetária até a mesma data, com base no valor da Ufir em 1º.01.1996, de R$ 0,8287.

Observe-se que, a partir do ano-calendário de 1997, a empresa que submeter-se à tributação com base no lucro presumido ou arbitrado, se até o ano-calendário anterior houver sido tributada pelo lucro real, deverá adicionar à base de cálculo do Imposto de Renda, correspondente ao primeiro período de apuração no qual for tributada pelo lucro presumido ou arbitrado, os saldos dos valores cuja tributação foi diferida, controlados na Parte "B" do Lalur (art. 54 da Lei nº 9.430/1995), entre os quais inclui-se a depreciação acelerada.

14.2.9. Empresa rural que explorar outra atividade

A pessoa jurídica que explorar outras atividades além da atividade rural, para poder usufruir dos benefícios referidos no subitem 14.2.2, deverá segregar, contabilmente, as receitas, os custos e as despesas referentes à atividade rural das demais atividades, bem como demonstrar no Livro de Apuração do Lucro Real (Lalur), separadamente, o lucro ou prejuízo contábil e o lucro ou prejuízo fiscal dessas atividades.

Para esse fim, a pessoa jurídica deverá ratear, proporcionalmente à percentagem que a receita líquida de cada atividade representar em relação à receita líquida total:

a) os custos e despesas comuns a todas as atividades;

b) os custos e despesas não dedutíveis, comuns a todas as atividades, a serem adicionados ao lucro líquido, na determinação do lucro real;

c) os demais valores, comuns a todas as atividades, que devam ser computados no lucro real.

Se a pessoa jurídica não possuir receita líquida no ano-calendário, a determinação dessa percentagem será efetuada com base nos custos ou despesas de cada atividade explorada.

Exemplo:

Admita-se que uma empresa tenha apurado os seguintes valores no período-base:

Receita de atividades rurais	R$	1.570.000,00
Receita de outras atividades	R$	930.000,00
Receita líquida total	R$	2.500.000,00
Despesas operacionais (comuns)	R$	1.475.000,00
Despesas comuns não dedutíveis	R$	182.000,00
Depreciação acelerada de bens da atividade rural	R$	80.000,00
Receita de aplicações financeiras	R$	58.300,00

Neste caso, temos:

I – determinação da percentagem que a receita de cada atividade representa em relação à receita total:

a) atividade rural:

$$\frac{R\$\ 1.570.000,00 \times 100}{R\$\ 2.500.000,00} = 62,80\%$$

b) demais atividades:

$$\frac{R\$\ 930.000,00 \times 100}{R\$\ 2.500.000,00} = 37,20\%$$

II – rateio proporcional dos custos e despesas comuns (dedutíveis e não dedutíveis) e das receitas de aplicações financeiras:

a) atividade rural:

Despesa/Receita	Valor total R$	Percentual do rateio %	Valor proporcional R$
Despesas operacionais	R$ 1.475.000,00	62,80	R$ 926.300,00
Despesas indedutíveis	R$ 182.000,00	62,80	R$ 114.926,00
Receita de aplicações financeiras	R$ 58.300,00	62,80	R$ 36.612,40

b) demais atividades:

Despesa/Receita	Valor total R$	Percentual do rateio %	Valor proporcional R$
Despesas operacionais	R$ 1.475.000,00	37,20	R$ 548.700,00
Despesas indedutíveis	R$ 182.000,00	37,20	R$ 67.704,00
Receita de aplicações financeiras	R$ 58.300,00	37,20	R$ 21.687,60

III – determinação do lucro líquido e do lucro real da atividade rural e das demais atividades, separadamente (admitindo-se custos da atividade rural de R$ 500.000,00 e custos das demais atividades de R$ 400.000,00):

	Atividade rural	Demais atividades
Receita líquida	R$ 1.570.000,00	R$ 930.000,00
Custo das vendas	R$ (500.000,00)	R$ (400.000,00)
(-) Despesas operacionais	R$ (926.300,00)	R$ (548.700,00)
(+) Receitas de aplicações financeiras	R$ 36.612,40	R$ 21.687,60
Resultado do período-base	R$ 180.312,40	R$ 2.987,60
(-) Contribuição Social sobre o Lucro (*)	R$ (19.314,76)	R$ (6.362,24)
Lucro antes do IRPJ	R$ 160.997,64	R$ (3.374,64)
(+) Despesas indedutíveis	R$ 114.296,00	R$ 67.704,00
(+) Contribuição Social sobre o Lucro (*)	R$ 19.314,76	R$ 6.362,24
(-) Depreciação acelerada incentivada	R$ (80.000,00)	
Lucro real antes da compensação de prejuízos fiscais	R$ 214.608,40	R$ 70.691,60

(*) Veja o subitem 14.2.15.3.

14.2.10. Compensação de prejuízos fiscais

A compensação de prejuízos fiscais decorrentes da atividade rural com o lucro real da mesma atividade não está sujeita ao limite de 30%, ou seja, pode ser integralmente compensado em um único período-base, desde que o lucro real apurado na atividade rural comporte a compensação, observado o seguinte:

a) o prejuízo fiscal da atividade rural a ser compensado é o apurado no Livro de Apuração do Lucro Real (Lalur);

b) se a empresa explorar atividades mistas:

   b.1) o prejuízo fiscal da atividade rural apurado no período-base poderá ser compensado com o lucro real das demais atividades, apurado no mesmo período-base, sem limite;

   b.2) a compensação de prejuízos fiscais das demais atividades, assim como a da atividade rural com o lucro real das demais atividades, fica sujeita ao limite de 30% (ressalvada a hipótese da letra "a") e demais condições estabelecidas na legislação para a compensação de prejuízos fiscais (Instrução Normativa RFB nº 1.700/2018, art. 263).

Exemplo:

Admitindo-se que, na hipótese exemplificada no subitem 14.2.9, a empresa tem saldo de prejuízos fiscais apurado na atividade rural em períodos-base anteriores, no valor de R$ 212.000,00, esse valor poderá ser totalmente compensado com o lucro real da atividade rural apurado em 2019:

Lucro real da atividade rural apurado em 2017	R$ 214.608,40
Prejuízos fiscais apurados na atividade rural em períodos-base anteriores	R$ 212.000,00
Lucro real da atividade rural tributável em 2017	R$ 2.608,40

Importa saber que:

1) Os prejuízos fiscais da atividade rural correspondentes aos anos-calendário de 1986 a 1990 somente podem ser compensados com lucro real da atividade rural.

2) Desde 1991, a compensação de prejuízos fiscais originados na atividade rural deve obedecer aos seguintes limites:

a)   30% do valor das "Atividades em Geral";

b)   100% do valor na coluna "Atividade Rural".

3) Os prejuízos não operacionais, apurados pelas pessoas jurídicas que exploram atividade rural, somente poderão ser compensados, nos períodos subsequentes ao de sua apuração, com lucros de mesma natureza, observado o limite de redução do lucro de, no máximo, 30% previsto na Lei nº 9.065/1995, art. 15.

4) Consideram-se não operacionais os resultados decorrentes da alienação de bens e direitos do ativo permanente não utilizados exclusivamente na produção rural, incluída a terra nua, exceto as perdas decorrentes de baixa de bens ou direitos do ativo permanente, em virtude de terem-se tornado imprestáveis, obsoletos ou caído em desuso, ainda que posteriormente venham a ser alienados como sucata.

14.2.11. Opção pela tributação com base no lucro presumido

A pessoa jurídica que explora atividade rural, desde que não esteja enquadrada em qualquer das situações que a obriguem à apuração do lucro real, poderá optar pela tributação com base no lucro presumido, apurado trimestralmente, observando os procedimentos aplicáveis às demais pessoas jurídicas.

Para a determinação do lucro presumido, sobre o valor da receita bruta proveniente da atividade rural, aplica-se o percentual de 8%.

Observe-se que, no regime do lucro presumido, não há como aproveitar os benefícios concedidos à atividade rural, referidos no subitem 14.2.2.

Ressalte-se, ainda, que a pessoa jurídica rural que tiver usufruído o benefício fiscal da depreciação acelerada incentivada, vindo, posteriormente, a ser tributada pelo lucro presumido, caso aliene o bem depreciado com o incentivo durante a permanência nesse regime, deverá adicionar à base de cálculo para determinação do lucro presumido o saldo remanescente da depreciação não realizada (Instrução Normativa RFB nº 1.700/2017, arts. 265 e 266).

14.2.12. Opção pela tributação no lucro arbitrado

A pessoa jurídica rural pagará o Imposto de Renda sobre o lucro arbitrado nas hipóteses e condições previstas para as demais pessoas jurídicas.

A pessoa jurídica rural que tiver usufruído o benefício fiscal da depreciação acelerada incentivada, vindo, posteriormente, a ser tributada pelo lucro arbitrado, caso aliene o bem depreciado com o incentivo durante a permanência nesse regime, deverá adicionar à base de cálculo para determinação do lucro arbitrado o saldo remanescente da depreciação não realizada (Instrução Normativa RFB nº 1.700/2017, arts. 267 e 268).

14.2.13. Tributação com base no lucro real

No regime do lucro real, a empresa que explora atividade rural, assim como as demais pessoas jurídicas, pode:

a) apurar o lucro real trimestralmente, em 31 de março, 30 de junho, 30 de setembro e 31 de dezembro; ou

b) optar pelo pagamento mensal do imposto por estimativa, hipótese em que fica obrigada a apurar o lucro real anualmente, em 31 de dezembro.

14.2.14. Cálculo do imposto

14.2.14.1. Alíquotas

Sobre o lucro real, presumido ou arbitrado, apurado pela pessoa jurídica que explora atividade rural, incidirá o Imposto de Renda calculado de acordo com as mesmas normas aplicáveis às demais atividades, ou seja, mediante a aplicação:

I – da alíquota de 15% sobre a totalidade do lucro apurado; e

II – da alíquota adicional de 10% sobre a parcela do lucro que exceder:

a) R$ 60.000,00 no trimestre (no caso de apuração trimestral);

b) R$ 240.000,00 no ano (no caso de apuração anual); ou

c) no caso de início ou encerramento de atividades, o limite equivalente ao resultado da multiplicação de R$ 20.000,00 pelo número de meses do período de apuração.

Observe-se que, se a empresa explorar outra atividade além da rural, no cálculo do imposto incidente sobre o lucro real, aplicam-se as alíquotas mencionadas, tomando por base a totalidade do lucro real (proveniente da atividade rural e das demais atividades).

Do valor do imposto devido, poderão ser deduzidos o IRPJ pago ou IR Fonte sobre receitas computadas na determinação da base de cálculo do imposto, os incentivos fiscais a que tiver direito a pessoa jurídica (comuns às demais empresas) e o saldo de imposto pago a maior ou indevidamente relativo a períodos-base anteriores.

14.2.14.2. Base de cálculo

A base de cálculo estimada (em cada mês) será determinada mediante a aplicação do percentual de 8% sobre a receita bruta auferida na atividade rural.

No caso de pessoa jurídica rural que explorar outras atividades, será aplicado o percentual correspondente a cada uma dessas atividades.

Serão acrescidos à base de cálculo, no mês em que forem auferidos, os ganhos de capital, as demais receitas e os resultados positivos decorrentes de receitas não compreendidas na base estimada ou na base de cálculo do lucro presumido.

O balanço ou balancete de suspensão ou redução da pessoa jurídica rural tributada pelo lucro real deverá abranger os resultados acumulados do período em curso até o mês em que desejar suspender ou reduzir o valor a ser pago, determinado sobre a base de cálculo estimada.

Na apuração do lucro real relativa ao período em curso, abrangido pelo balanço ou balancete de suspensão ou redução, a pessoa jurídica poderá computar os benefícios da compensação integral de prejuízo fiscal rural e da depreciação acelerada incentivada (Instrução Normativa RFB nº 1.700/2017, art. 259).

14.2.15. Contribuição Social sobre o Lucro (CSL)

As pessoas jurídicas que exploram atividade rural estão sujeitas à Contribuição Social sobre o Lucro segundo as normas aplicáveis às demais pessoas jurídicas.

14.2.15.1. Contribuição devida nos regimes de tributação trimestral pelo lucro presumido ou de pagamento mensal por estimativa

As regras de cálculo da contribuição devida por empresas rurais optantes pela tributação do IRPJ com base no lucro presumido são as comuns aplicáveis a qualquer empresa optante por esse regime de tributação.

Aplicam-se as regras comuns às demais empresas também no cálculo da contribuição devida mensalmente pelas empresas que optarem pelo pagamento mensal do IRPJ por estimativa.

14.2.15.2. Contribuição Social sobre o Lucro (CSL) devida com base no lucro efetivamente apurado

No cálculo da CSL devida com base no resultado efetivamente apurado por empresa que explora atividade rural, aplicam-se as regras comuns às demais pessoas jurídicas, mas com observância adicional dos procedimentos especiais tratados neste subitem.

A depreciação, integralmente no ano da aquisição, de bens do ativo imobilizado adquiridos para uso na atividade rural aplica-se inclusive para efeito de determinação da base de cálculo da CSL. Assim, a parcela do custo do bem que exceder o valor da depreciação normal, apropriada na escrituração comercial, poderá ser excluída na base de cálculo da CSL no período-base em que o bem for adquirido, observando-se, similarmente, os procedimentos exemplificados no subitem 14.2.5 (Instrução Normativa RFB nº 1.700/2017).

14.2.15.3. Segregação de receitas

As empresas que exercerem outras atividades, além da atividade rural, devem segregar, contabilmente, as receitas, os custos e as despesas referentes à atividade rural das demais atividades e demonstrar, no Livro de Apuração do Lucro Real (Lalur), separadamente, o lucro ou prejuízo contábil e o lucro ou prejuízo fiscal dessas atividades.

A pessoa jurídica rural deve ratear proporcionalmente à percentagem que a receita líquida de cada atividade representar em relação à receita líquida total:

a) os custos e as despesas, comuns a todas as atividades;

b) os custos e as despesas não dedutíveis, comuns a todas as atividades, a serem adicionados ao lucro líquido, na determinação do lucro real;

c) os demais valores comuns a todas as atividades, que devam ser computados no lucro real.

Na hipótese de a pessoa jurídica rural não possuir receita líquida no ano-calendário, a determinação da percentagem é efetuada com base nos custos ou despesas de cada atividade explorada.

Assim, a pessoa jurídica rural deverá separar as receitas da atividade rural das demais atividades, caso tenha condições de fazê-lo.

Para efeito do rateio proporcional, a pessoa jurídica rural deverá partir da totalidade do seu lucro líquido e apurar um único valor da CSL, rateando-se esse valor proporcionalmente à percentagem que a receita líquida de cada atividade representar em relação à receita líquida total.

Exemplo:

Considerando os dados do exemplo desenvolvido no subitem 14.2.9 e admitindo-se que as despesas indedutíveis para efeitos do IRPJ são também indedutíveis para fins da CSL, temos:

	ATIVIDADE RURAL	DEMAIS ATIVIDADES
Lucro líquido	R$ 180.312,40	R$ 2.987,60
(+) Despesas indedutíveis	R$ 114.296,00	R$ 67.704,00
(-) Depreciação acelerada incentivada	R$ (80.000,00)	-
Base de cálculo da CSL	R$ 214.608,40	R$ 70.691,60
Alíquota	9%	9%
CSL	R$ 19.314,76	R$ 6.362,24

14.2.16. Atividade rural exercida no exterior

Os resultados da atividade rural exercida no exterior por pessoas jurídicas domiciliadas no Brasil estão sujeitos à incidência do IRPJ na forma prevista para as demais pessoas jurídicas, observado o disposto neste texto.

É vedada a compensação do prejuízo fiscal da atividade rural apurado no exterior com o lucro real obtido no Brasil, seja este oriundo da atividade rural ou não (Instrução Normativa RFB nº 1.700/2017, arts. 269 e 270).

14.2.17. Simples Nacional

As pessoas jurídicas rurais poderão optar pela tributação no Simples Nacional, na condição de microempresas (ME) ou empresas de pequeno porte (EPP), desde que não incorram em nenhuma situação impeditiva.

Consideram-se ME ou EPP a sociedade empresária, a sociedade simples, a Empresa Individual de Responsabilidade Limitada (Eireli) ou o empresário a que se refere o art. 966 da Lei nº 10.406/2002 – Código Civil, devidamente registrados no Registro de Empresas Mercantis ou no Registro Civil de Pessoas Jurídicas, conforme o caso, e a sociedade de advogados registrada na forma do art. 15 da Lei nº 8.906/1994, desde que (Resolução CGSN nº 140/2018):

a) no caso da ME, aufira, em cada ano-calendário, receita bruta igual ou inferior a R$ 360.000,00;

b) no caso da EPP, aufira, em cada ano-calendário, receita bruta superior a R$ 360.000,00 e igual ou inferior a R$ 4.800.000,00.

A apuração do valor devido mensalmente pela pessoa jurídica rural ME ou EPP, optante pelo Simples Nacional, será determinada mediante aplicação da tabela constante do Anexo I da Lei Complementar nº 123/2006.

Para efeito de determinação da alíquota, o sujeito passivo utilizará a receita bruta acumulada nos 12 meses anteriores ao do período de apuração.

Sobre a receita bruta auferida no mês, incidirá a alíquota determinada dentro do Anexo I, na faixa que represente a receita bruta acumulada dos 12 meses que antecedem ao período apurado, podendo tal incidência se dar, à opção do contribuinte, sobre a receita recebida no mês (regime de caixa), sendo essa opção irretratável para todo o ano-calendário.

Para tanto, o contribuinte deverá considerar, destacadamente, para fim de pagamento, as receitas decorrentes da revenda de mercadorias objeto da atividade rural, das demais receitas, caso haja.

Por meio da Solução de Consulta nº 242/2009 – Disit 08 (São Paulo), a Receita Federal se manifestou favoravelmente quanto à opção pelo Simples Nacional, bem como no sentido da aplicação do Anexo I para as receitas decorrentes da atividade rural, conforme segue: *"Para efeito de determinação do valor devido mensalmente pela microempresa ou empresa de pequeno porte, optante do Simples Nacional, as receitas decorrentes da venda de mudas de plantas ornamentais cultivadas, consideradas decorrentes de atividade rural, são tributadas na forma do Anexo I da LC nº 123, de 2006"*.

Importante observar que o cálculo do DAS se dá mediante acesso por meio de certificado digital ou código de acesso, no endereço eletrônico <www.receita.fazenda.gov.br/simplesnacional>, opções "Outros Serviços" e "Cálculo do Valor Devido e Geração do DAS".

BIBLIOGRAFIA

CREPALDI, Silvio Aparecido. *Contabilidade Rural*. São Paulo: Atlas, 1993.

IUDÍCIBUS, Sérgio de; MARION José Carlos. *Dicionário de Termos de Contabilidade*. São Paulo: Atlas, 2001.

MARION, José Carlos. *Contabilidade Rural*. 12. ed. São Paulo: Atlas, 2010.

RODRIGUES, Aldenir; BUSCH, Cleber; GARCIA, Edino; TODA, William. *IRPJ/CSL 2011*. 6. ed. São Paulo: IOB, 2011.

SEGATTI, Sonia. *Contabilidade da Pecuária*. 9. ed. São Paulo: Atlas, 2010.

Sites:

CFC <www.cfc.org.br>;

IOB *On-line* <www.iob.com.br>;

Secretaria da Receita Federal do Brasil <www.receita.fazenda.gov.br>;

Embrapa <www.embrapa.br>;

Fipecafi <www.fipecafi.org>.